Schwitzhütten für Anfänger

die Wurzel der Magie, der Rituale, der Mandalas, der Steinkreise und noch mehr …

Kontakt: www.HarryEilenstein.de
Harry.Eilenstein@web.de
Harry Eilenstein bei youtube

Herstellung und Verlag: BoD – Books on Demand, Norderstedt

ISBN: 9783755710035

Inhaltsverzeichnis

I Aufbau

Iglu

Der Aufbau einer Schwitzhütte ist recht einfach: Sie sie hat die Form eines Iglus – nur daß in den heutigen Schwitzhütten meistens der kurze Gang vor dem Eingang fehlt.

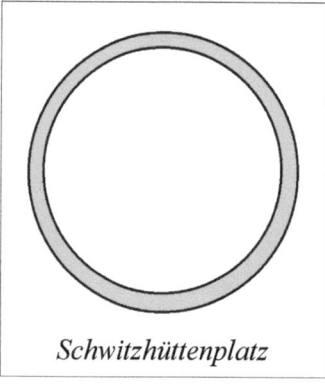

Schwitzhüttenplatz

Zunächst wird beim Bau einer Schwitzhütte die runde Fläche begradigt, auf der die Schwitzhütte stehen soll. Diese Kreisfläche hat einen Durchmesser von mindestens 2,5m und maximal 5m. Die Größe hängt davon ab, wieviele Menschen in dieser Schwitzhütte Platz haben sollen. Die Anzahl schwankt zwischen 4 und 12 Menschen – weniger fühlt sich „mager" an und mehr sind unübersichtlich (nicht zuletzt auch für den Leiter der Schwitzhütte).

Die bei der Begradigung der Fläche anfallende Erde wird außen am Rand der Kreisfläche als „Wall" angehäuft (der graue Ring in der Skizze).

Manche Schwitzhütten werden auch ein stückweit in den Boden eingelassen – dann ist der die Kreisfläche umgebende „Wall" natürlich höher. In einer solchen „vertieften Schwitzhütte" sitzt man teilweise in der Erde, also unterhalb der Höhe des Erdbodens außerhalb der Schwitzhütte. Dies trifft auch für Schwitzhütten zu, die auf schrägem Gelände erbaut worden sind.

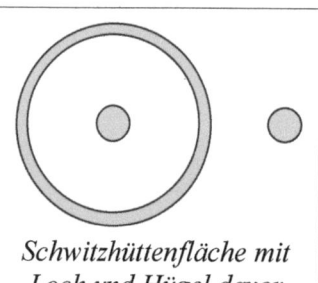

Schwitzhüttenfläche mit Loch und Hügel davor

Als nächstes wird in der Mitte der Kreisfläche ein rundes Loch mit geradem Boden gegraben, das 40-50cm Durchmesser hat und ca. 30-40cm tief ist.

Die Erde aus diesem Loch wird ungefähr 1,5m vom West-Rand der Kreisfläche entfernt zu einem kleinen Hügel aufgehäuft.

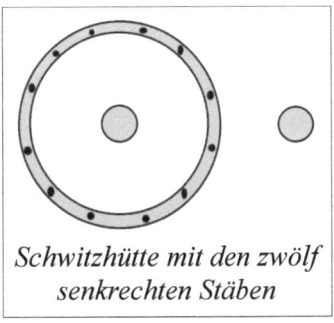

Schwitzhütte mit den zwölf senkrechten Stäben

Für den Bau der halbkugelförmigen Kuppel werden ca. 30-40 Weidenzweige oder evtl. auch Haselzweige benötigt. Sie sollten ca. 2-4cm dick und mindestens 3m lang sein. Die Blätter und die Nebenzweige werden entfernt.

Die zwölf dicksten Äste werden in gleichem Abstand in einem Kreis in den Wall rings um die runde Fläche gesteckt. Dabei sollten die Stäbe leicht nach außen hin geneigt in den Boden gesteckt werden – dadurch entsteht dann später mehr Raum über den Köpfen der Menschen, die in der Schwitzhütte sitzen.

Um die Stäbe in die Erde des Walles und in den festen Boden zu stecken, hilft es, wenn man vorher mit einem etwas dickeren, stabilen und angespitzten Stab Löcher in den Boden drückt und auch die Stäbe selber ein wenig anspitzt.

Da sich der Eingang der Schwitzhütte im Westen befindet, steht genau im Westen keiner der zwölf Stäbe, sondern je einer links und rechts neben dem Eingang.

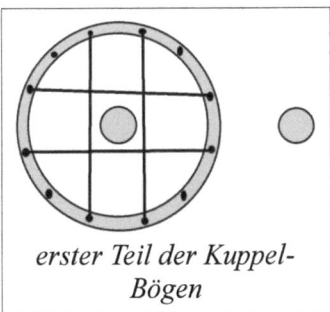

erster Teil der Kuppel-Bögen

Acht der zwölf Weiden-Stäbe werden in einem Doppelkreuz-artigen Muster halbkreisförmig über die begradigte Kreisfläche nach innen gebogen und dann an den vier Stellen, an denen sie sich kreuzen, zusammengebunden (siehe Skizze). Die Kuppel ist in der Mitte ca. 1,4m hoch – aber das schwankt natürlich stark.

Zum Binden werden entweder rote Schnüre oder rote Stoffstreifen verwendet – Rot ist die Farbe des Blutes und des Lebens.

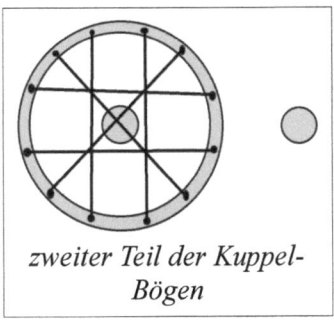

zweiter Teil der Kuppel-Bögen

Als nächstes werden die vier verbliebenen Stäbe über die Ästekuppel aus den acht ersten Stäben gebogen und zusammengebunden. Die Äste werden an allen Stellen, an denen sie sich kreuzen, miteinander verbunden.

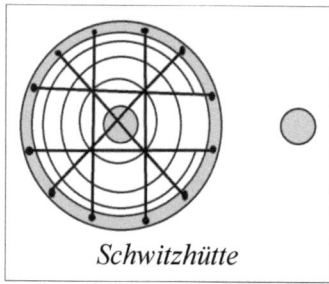

Schwitzhütte

Nun werden in ungefähr gleichem Abstand drei waagerechte Kreise von Ästen um dieses Gestell gebunden, damit es stabiler wird. Der oberste und daher auch innerste und kleinste dieser Kreise befindet sich meist auf der Höhe von ca. 1,2m – was aber natürlich je nach Höhe der Schwitzhütte variiert. Er liegt kurz unterhalb des Bereichs mit den fünf Äste-Kreuzungen.

Die beiden anderen Äste-Kreise befinden sich ungefähr auf der Höhe von ca. 40cm und 80cm.

Der untere Äste-Kreis wird zwischen den beiden westlichen senkrechten Stäben unterbrochen – dort befindet sich der Eingang.

Die Schwitzhütten-Kuppel muß nicht perfekt symmetrisch sein, sondern vor allem stabil.

Schwitzhütte mit Hügel und Feuerloch

Vor der Schwitzhütte wird im Westen im Abstand von 3-4m ein annähernd rundes oder leicht ovales Feuerloch gegraben, das einen Durchmesser von ca. 1,3m und eine Tiefe von ca. 50cm hat. Diese Maße können natürlich stark schwanken. Der Abstand zwischen Schwitzhütten-Eingang und Feuerloch sollte nicht zu klein sein – also nicht weniger als 3m.

Die ausgehobene Erde aus dem Feuerloch liegt in einem 3/4-Kreis als „Wall" rings um das Feuerloch, wobei das Viertel des Kreises, das zu der Schwitzhütte weist (also das östliche Viertel) frei bleibt.

Die Erde, die aus dem Loch in der Mitte genommen worden ist, ist zuvor schon als kleiner Hügel zwischen Schwitzhütte und Feuerloch aufgehäuft worden.

Als nächstes wird der Boden der Schwitzhütte mit Stroh ausgelegt, wobei man eine Handbreit rings um das Loch in der Mitte Stroh-frei lassen sollte, da dieses Stroh sonst später in der Zeremonie, wenn in diesem Loch glühende Steine liegen, zu glimmen beginnt und beißenden Rauch erzeugt.

Schließlich wird die Schwitzhütte mit mehreren Schichten von Decken belegt, sodaß sie dicht geschlossen ist. Der Eingang im Westen zwischen den beiden Stäben dort bleibt jedoch offen.

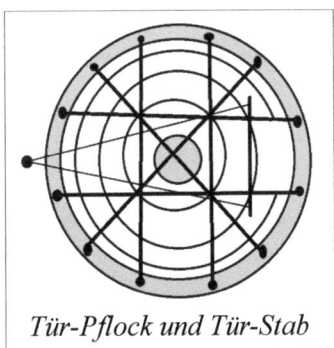

Tür-Pflock und Tür-Stab

Die Decken vor dem Eingang werden auf eine spezielle Weise angebracht. Im Osten wird ein Pflock so in die Erde gesteckt, daß sein oberes Ende von der Schwitzhütte fortweist. An diesen Pflock werden zwei Schnüre gebunden, die über die Schwitzhütten-Kuppel zur Westseite über den Eingang hin führen. Dort wird an diese beiden Schnüre ein Ast gebunden, der waagerecht 15cm oberhalb des Eingangs hängt. Dieser Stab sollte links und rechts gut 30cm über die Setite des Eingangs hinausreichen und die Schnüre sollten an seine Enden gebunden werden.

Über diesen Querstab werden nun weitere Decken gehängt, mit denen der Eingang dann während der Zeremonie verschlossen werden kann.

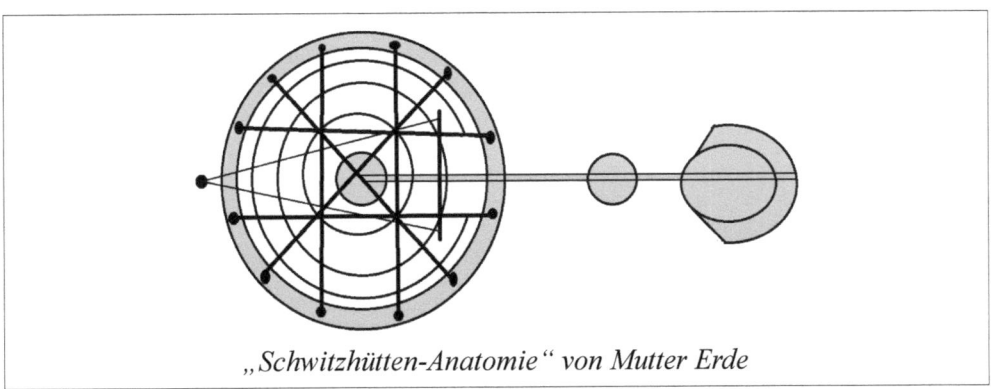

„Schwitzhütten-Anatomie" von Mutter Erde

Dieses Arrangement von Schwitzhütte, kleinem Hügel und Feuerloch ist ein Bild von Mutter Erde bzw. der Urgöttin:

    - Die Schwitzhütte ist ihr Bauch,
    - das Loch in der Mitte der Schwitzhütte ist ihr Wurzelchakra mit der Kundalini,
    - der kleine Hügel ist ihr Herzchakra,
    - das Feuerloch ist ihr Kopf,
    - die Linie zwischen Scheitel und Wurzelchakra und ist das Rückgrat und die Sushumna (Lebenskraft-Kanal im Lebenskraftkörper), und
    - der Wall um das Feuerloch ist ihr Haar.

Die Göttin liegt also mit ihrem Kopf im Westen und mit ihrem Bauch im Osten. Diese Richtung ist keineswegs zufällig, sondern bezieht sich auf den Sonnenlauf:

- Die Erdmutter gebiert die Sonne am Morgen im Osten, was bedeutet, daß ihr Schoß im Osten sein muß.

- Am Abend stirbt die Sonne, d.h. die Erdmutter verschlingt die Sonne wieder, was bedeutet, daß ihr Mund im Westen sein muß.

Diese Symbolik findet sich u.a. in Ägypten wieder, wo es die Himmelsgöttin Nut ist, die am Morgen im Osten die Sonne gebiert und sie am Abend im Westen wieder verschlingt. Daher steht die Göttin so am Himmel, daß ihr Schoß im Osten und ihr Kopf im Westen ist.

Aufgrund dieser Symbolik hat Nut den Beinamen „Sau die ihre Ferkel verschlingt" erhalten. Diese Beobachtung aus dem Tierreich ist dazu verwendet worden, um das Verschlingen der Sonne durch die Göttin mithilfe einer Analogie zu illustrieren. Die Vielzahl der Ferkel entspricht den vielen (alltäglichen) Geburten der Sonne. Nut ist zudem die Mutter der Sonne – so wie die Sau die Mutter der Ferkel ist.

II Ritual

Das Schwitzhüttenritual besteht aus mehreren Teilen:

- Entfachen des Feuers,
- Weihung der Schwitzhütte,
- Weihung der Teilnehmer,
- Ritual in der Schwitzhütte und
- Beisammensein.

Die Grundform der Schwitzhütten-Zeremonie ist zwar immer gleich, aber sie kann auf sehr viele Weisen variiert werden. Im Folgenden wird die einfache Grundform eines solchen Rituals kurz dargestellt.

In meinem Buch „Schwitzhütten" finden sich viele ausführlich beschriebene Beispiele für solche Varianten einschließlich der Lieder (Text und Noten), die dabei gesungen werden können.

1. Entfachen des Feuers

In das Feuerloch wird eine Schicht aus dicken, möglichst trockenen Holzstücken auf den Boden gelegt.

Auf diese Schicht wird eine Pyramide aus 30-40 Steinen gestapelt, die einen Durchmesser von ca. 10-20cm haben und nicht zu schwer sein sollten – man sollte sie später gut mit einer Mistgabel o.ä. aus der Glut herausholen können.

Über diese Stein-Pyramide werden weitere Holzstücke gelegt bis die ganze Pyramide bedeckt ist.

In die Lücken zwischen den Holzstücken werden nun kleine Zweige, Pappe und Papier gestopft.

Schließlich wird dieses Feuer entzündet.

Eine Person übernimmt die Funktion des Feuerhüters, aber die anderem können ihm durchaus dabei helfen.

Sobald das Feuer brennt, wird die Schwitzhütte „aktiv", d.h. man spürt, daß etwas geschieht und daß sich die Stimmung an dem Ort verändert und er sich heilig und geweiht anfühlt. Manche Menschen spüren auch, daß ab diesem Zeitpunkt verschiedene Geister zu der Schwitzhütte kommen.

Wenn das Feuer brennt, sollte man das Rückgrat der Göttin, also die Linie „Loch in der Schwitzhütte – kleiner Hügel – Feuerloch" nicht mehr überschreiten, sondern außen drumherum gehen.

2.   Weihung der Schwitzhütte

Die Weihung der Schwitzhütte hat drei Teile: die Tabakbeutelchen, die Salbei-Räucherung und der kleine Erdhügel.

- Tabak -

Aus rotem Stoff werden 108 Quadrate mit ca. 8cm Seitenlänge ausgeschnitten. Die Zahl „108" ist vermutlich neu – sie stammt sehr wahrscheinlich von den Indogermanen und ergibt sich aus „$1 \cdot 2 \cdot 2 \cdot 3 \cdot 3 \cdot 3 = 108$", also „$1^1 \cdot 2^2 \cdot 3^3 = 108$".

Auf jedes dieser Stoffstückchen wird von den Teilnehmern ein wenig Tabak gelegt, wobei sich die Betreffenden jeweils etwas wünschen – für sich, für andere oder für die Allgemeinheit.

Dann wird dieser Tabakbeutel mit einer roten Schnur zugebunden. Am Ende entsteht so eine lange Schnur, an der 108 Tabakbeutelchen hängen.

Diese lange Schnur wird von dem Schwitzhütten-Leiter innen in der Schwitzhütte von unten nach oben hin spiralförmig im Uhrzeigersinn an den Stäben befestigt. Die anderen Teilnehmer reichen ihm diese Schnur nach und nach in die Schwitzhütte hinein – dabei gibt es manchmal Gelächter, weil es gar nicht so einfach ist, eine so lange Schnur mit 108 Tabakbeutelchen in die Schwitzhütte zu reichen ohne daß sie sich verheddert.

Der Schwitzhütten-Leiter füllt nun noch acht weitere, etwas größere Tabakbeutelchen, die er dann anschließend innen in der Hütte an den Stäben anbringt:

> - schwarz für die Schlange im Westen,
> - rot für den Großen Bären im Norden,
> - gelb für den Adler im Osten,
> - weiß für die Weiße Büffelfrau im Süden,
> - grün für Großmutter Erde (wird im Westen aufgehangen)
> - blau für Großvater Himmel oben (wird im Osten aufgehangen)
> - rot für das Große Geheimnis (wird oben in der Mitte aufgehangen)
> - rot für das Herzchakra der „Schwitzhütten-Göttin" (wird draußen vor der Schwitzhütte an einen Stab, der in dem kleinen Erdhügel gesteckt wurde, aufgehangen)

Tabak ist für die Indianer ein Symbol des Atems und der Lebenskraft – er verbindet die Menschen mit ihren Ahnen, mit den Geistern und mit den Göttern.

- Salbei -

Der Leiter der Schwitzhütte nimmt eine Handvoll Salbei und reibt sie zwischen seinen Handflächen, wodurch der Salbei eine „wollige" Konsistenz erhält und intensiv zu duften beginnt.

Diese „Salbei-Wolle" wird in eine Muschelschale gelegt und mit einem Stückchen Glut oder einem Streichholz entzündet, wobei der Salbei nicht brennen, sondern nur glimmen sollte. Mithilfe einer Feder kann man dieses Glimmen bei Bedarf anfachen – oder auch einfach mal in die Salbei-Glut hinein pusten.

Nun geht der Schwitzhütten-Leiter in die Hütte hinein und räuchert sie: den Boden, das Loch in der Mitte und die Kuppel.

- Erdhügel -

Es gibt noch einen dritten Teil, der ebenfalls zur Weihung beiträgt: Die Teilnehmer können auf den kleinen Erdhügel zwischen Schwitzhütte und Feuerloch eine Kette oder ein Amulett legen oder auch eine Figur ihres Krafttiers oder eine Statuette einer Gottheit stellen usw.

Dadurch wird dieser Hügel zu einer Art gemeinschaftlichem Altar.

3. Weihung der Teilnehmer

Die Reinigung und Weihung der Teilnehmer geschieht genauso wie die Salbei-Weihung der Schwitzhütte. Die Teilnehmer entkleiden sich und werden von hinten und von vorne von oben bis unten durch den Schwitzhütten-Leiter mithilfe des glimmenden Salbeis in der Muschel und der Feder beräuchert.

Diejenigen, die beräuchert worden sind, gehen dann anschließend in die Schwitzhütte und setzen sich dort an den Platz, der sich für sie richtig anfühlt.

Der Feuermann wird als vorletzter beräuchert und beräuchert dann seinerseits den Schwitzhütten-Leiter. Diese Aufgabe kann natürlich auch jemand anderes übernehmen.

Nun geht auch der Schwitzhütten-Leiter in die Hütte. Wenn man von außen her auf die Schwitzhütte schaut, sitzt der Leiter innen rechts neben dem Eingang und der

Feuermann innen links neben dem Eingang.

In der Schwitzhütte befinden sich ein Kessel mit Wasser und einer Schöpfkelle, die neben dem Leiter stehen. Weiterhin liegt bei dem Leiter auch ein Beutel mit Salbei. Evtl. steht dort auch noch eine kleine Trommel.

Die Teilnehmer sitzen meistens auf Handtüchern, die sie auf das Stroh gelegt haben, damit das Stroh nicht piekt.

Die Teilnehmer können auch eine Flasche Wasser mit in die Schwitzhütte nehmen.

4. Ritual in der Schwitzhütte

- Zeitpunkt -

Die Schwitzhütten-Rituale werden in der Regel an Vollmond oder kurz vor Vollmond durchgeführt – die Vollmond-Spannung macht das Ritual wirksamer.

- äußerliche Form -

Das Ritual besteht – äußerlich gesehen – im Wesentlichen daraus, daß die Teilnehmer in der Schwitzhütte im Kreis um das Loch in der Mitte sitzen, in das von dem Feuermann glühende Steine gelegt werden, über die der Schwitzhütten-Leiter dann Wasser gießt. Daher wird der Schwitzhütten-Leiter in der Regel „Wasseraufgießer" genannt.

Während dieses Beisammensitzens spricht der Wasseraufgießer verschiedene Dinge und es wird gemeinsam gesungen.

- innere Form -

Innerlich gesehen ist die Schwitzhütte eine Rückkehr in den Bauch der Mutter. Die Schwitzhütten-Zeremonie hat also die Möglichkeit, den Teilnehmern durch das Erlebnis von Geborgenheit ihr Urvertrauen zurückzugeben. Natürlich geschieht dies nicht immer und bei allen Teilenehmern, aber es kommt durchaus auch schon mal vor, daß eine Kettenraucherin nach einem Schwitzhüttenritual spontan das Rauchen aufhört, weil sie in der Schwitzhütte das wiedergefunden hat, was sie eigentlich gesucht hat: Geborgenheit und Fülle.

- die glühenden Steine -

Zu Beginn eines jeden Teils holt der Feuermann mit einer Mistgabel o.ä. soviele glühende Steine aus dem Feuerloch, wie der Wasseraufgießer es ihm sagt. Dies werden in der Regel zwischen 3 und 12 Steine sein. Der Wasseraufgießer schätzt dabei ein, wieviel Hitze gerade gebraucht wird. Dabei ist es wichtig zu beachten, daß die Teilnehmer nicht „gekocht" werden sollen, sondern daß die Hitze lediglich helfen soll, ihre Verspannungen und Verkrampfungen zu lösen – es geht hier schließlich eher um ein biologisches „Ausbrüten" als ein physikalisches „gar kochen". Da die Teilnehmer natürlich alle verschieden sind, muß der Wasseraufgießer einschätzen, welche Hitze insgesamt gesehen optimal ist.

Wenn die glühenden Steine in dem Loch in der Mitte liegen, begrüßt sie der Wasseraufgießer, indem er etwas Salbei auf sie legt.

Nachdem die gewünschte Zahl an Steinen in dem Loch liegt, bleibt der Feuermann entweder draußen beim Feuer oder er kommt wieder in die Schwitzhütte hinein – das wird vorher verabredet.

Dann werden die Decken wieder vor den Eingang gehangen, sodaß es in der Schwitzhütte wieder völlig dunkel wird und nur noch die Steine in der Mitte glühen und die Hitze in der Hütte bleibt.

Über diese Steine gießt der Wasseraufgießer nun eine oder mehrere Kellen Wasser bis die Hitze in der Schwitzhütte die von ihm gewünschte Intensität erreicht hat.

Wenn es einem der Teilnehmer zu heiß wird, kann er einen Schluck Wasser aus der Flasche trinken oder sich auch auf den Boden legen – sofern das der Raum in der Schwitzhütte zuläßt.

- Aufbau -

Der Aufbau einer Schwitzhütten-Zeremonie hat meistens vier Teile, die man in etwa wie folgt charakterisieren kann:

- Einladung der Geister
- Besinnung auf sich selber
- Gespräch mit den Geistern
- Dank und Verabschiedung

Dieser Aufbau kann natürlich variiert werden, aber es ist eine bewährte Form, die für die meisten Schwitzhütten paßt. Die Form des Schwitzhütten-Rituals sollte sich jedoch immer an dem Ziel der Schwitzhütte-Zeremonie orientieren.

- 1. Teil: Einladung der Geister -

Der Wasseraufgießer schaut vor dem Aufbau der Schwitzhütte, welches Thema bei der betreffenden Schwitzhütte ansteht und welche Geister, Lieder, Meditationen u.ä. dabei hilfreich sein könnten.

In dem ersten Teil werden die Wesen gerufen, die der Wasseraufgießer gerne bei der Schwitzhütte haben möchte. Dies werden in der Regel zunächst einmal die Schlange im Westen (innere Kraft), der Adler im Osten (Weitsicht), der Bär im Norden (Eigenständigkeit), der Büffel im Süden (Gemeinschaft), Großvater Himmel oben (Verantwortung), Großmutter Erde unten (Vertrauen) und das Große Geheimnis in der Mitte (Leben) sein. Weiterhin können aber auch die Seelen der Teilnehmer, ihre Krafttiere, die Kundalini oder bestimmte Gottheiten gerufen werden.

Diesen ersten Teil führt der Wasseraufgießer alleine durch – die dazu gehörenden Lieder werden jedoch von allen Teilnehmern gesungen. Die meisten Teilnehmer werden jedoch die Ankunft der gerufenen Wesen spüren.

Zu manchen Lieder trommelt der Schwitzhütten-Leiter auch einfache Rhythmen.

- 2. Teil: Besinnung auf sich selber -

Bei der zweiten Runde liegt ein Teil der Initiative auch bei den Teilnehmern. Dies kann ein Gespräch mit der eigenen Seele sein, das Herbeirufen des eigenen Krafttieres, ein Gespräch mit dem Großen Bären im Norden um mehr Eigenständigkeit zu erhalten, das Rufen der Kundalini aus der Erde herauf in den eigenen Leib usw.

Das Thema dieser Runde hängt von der allgemeinen Ausrichtungen des betreffenden Schwitzhütten-Rituals ab.

Bei spezielleren Ritualen wie z.B. bei der Heilung eines Teilnehmers wird dieser Teil der Zeremonie natürlich anders gestaltet.

- 3. Teil: Gespräch mit den Geistern -

Der dritte Teil ist recht schlicht. Angefangen beim Feuermann kann jeder Teilnehmer in der Folge des Sonnenlaufs (im Uhrzeigersinn) mit den Geistern, die zugegen sind, sprechen.

Der jeweilige Teilnehmer spricht dabei laut und sagt das, was ihn bewegt – Dank, Sorgen, Bitten für sich und andere oder für die Allgemeinheit. Es ist egal, was man sagt – es sollte nur das sein, was einen wirklich bewegt. Das kann ein einzelner Satz sein oder auch eine längere Rede, es kann nur ein einziges Thema sein oder auch gleich fünf verschiedene Bitten – das ist egal.

Die anderen Teilnehmer geben dabei (und in der Regel auch nach der Schwitz-hütten-Zeremonie) keinerlei Kommentare zu dem Gehörten ab.

Man kann lediglich in der Schwitzhütte jederzeit, wenn man etwas wichtig findet, die eben gehörten Worten dadurch „unterstreichen", daß man „Ho!" sagt.

- 4. Teil: Dank und Verabschiedung -

Im letzten Teil dankt der Wasseraufgießer den Geistern, die gekommen sind, und es gibt eine Runde (wieder im Sonnenlauf/Uhrzeigersinn), in denen sich jeder bedanken oder etwas Abschließendes sagen kann.

- Gruß -

Wenn man die Schwitzhütte betritt oder sie verläßt und auch dann, wenn die Steine in die Hütte gebracht werden, spricht man als Gruß die Dakota-Worte „Ho Mitakuye Oyasin!", d.h. „Ich grüße euch, alle meine Verwandten!"

- Verlassen der Schwitzhütte -

Die Schwitzhütte sollte zwischen zwei Runden nicht verlassen werden – außer natürlich von dem Feuermann. Wenn es ein Teilnehmer nicht mehr in der Schwitz-hütte aushält, sollte er sich melden und dies dem Wasseraufgießer sagen. Manchmal hilft es, einen Schluck zu trinken oder sich etwas Wasser über den Kopf zu gießen oder sich auf den Boden zu legen. Wenn dies nichts hilft, kann der Betreffende die Hütte natürlich auch verlassen.

Bei diesem Thema braucht der Wasseraufgießer viel Feingefühl und Intuition: Was hilft dem Betreffenden? Wird er gerade mit einer Blockade konfrontiert oder ist ihm einfach physisch zu heiß? Hilft es ihm mehr zu bleiben oder nach draußen zu gehen?

Hier gibt es keine allgemeines Rezept, sondern nur die Selbsteinschätzung des betreffenden Teilnehmers und die Menschenkenntnis des Wasseraufgießers.

Es kommt auch der entgegengesetzte Fall vor, daß jemand um mehr Hitze bittet – dann muß der Wasseraufgießer abschätzen, wieviel mehr die anderen noch vertragen können.

Das Leiten einer Schwitzhütten-Zeremonie ist in solchen Situationen manchmal nicht ganz einfach …

5. Beisammensein

Wenn der vierte Teil des Rituals beendet ist, wird der Schwitzhütten-Eingang geöffnet und die Teilnehmer können die Schwitzhütte verlassen oder noch eine Weile in ihr sitzen oder liegen bleiben und das Erlebte nachwirken lassen.

Schließlich bekleiden sich die Teilnehmer nach und nach und stehen meistens noch eine Weile nackt oder bekleidet um das Feuer – die Nacktheit ist zu diesem Zeitpunkt meistens etwas völlig Normales geworden.

Dann wird gemeinsam etwas getrunken und gegessen. Dabei wird manchmal auch über die Erlebnisse in der Schwitzhütte geredet, aber das steht selten im Zentrum der Gespräche. Dieser Teil wird in aller Regel von einer Stimmung der Geborgenheit und einem stillen inneren und auch äußeren Lächeln geprägt.

Die Schwitzhütte, die in der Regel Nachts stattfindet, wird meistens erst am folgenden Morgen abgebaut, d.h. die Decken werden am Morgen zum Trocknen aufgehangen und der Platz ein wenig aufgeräumt.

Die Dinge, die die Teilnehmer auf den kleinen Erdhügel gelegt haben, nehmen sie natürlich schon in der Nacht wieder mit.

- - -

Wenn die Schwitzhütte einige Monate später ein zweites Mal benutzt wird, werden die Tabakbeutelchen aus der Schwitzhütte genommen und ungefähr so, wie sie in der Schwitzhüte gehangen haben, auf die Stein-Pyramide für das neue Schwitzhütten-Feuer gelegt. Dadurch entsteht eine Verbindung von der alten Schwitzhütte zu der neuen Schwitzhütte. Man kann diese Tabakbeutelchen auch mitnehmen, wenn man den alten Schwitzhütten-Ort aufgibt und an einem anderen Ort eine neue Schwitzhütte errichten will.

Wenn die Äste der Schwitzhütte nach ein paar Jahren morsch geworden sein sollten, werden sie abgebaut und in dem Feuer der nächsten Schwitzhütte verbrannt. Dasselbe kann man mit den Ästen auch machen, wenn die Schwitzhütte „umziehen" muß.

Falls man die Schwitzhütte aus Weidenästen errichtet hat, ist es recht wahrscheinlich, daß die zwölf Äste, die in der Erde stecken, Wurzeln schlagen und die Schwitzhütte zu einer lebenden, belaubten Halbkugel wird. In diesem Fall sollte man von Zeit zu Zeit die neu sprießenden Äste in die Kuppel einflechten, damit man sie nicht irgendwann abschneiden muß.

Diese lebenden Weiden-Schwitzhütten-Gerüste vertragen eine gelegentliche Schwitzhütten-Zeremonie meistens recht gut und erholen sich anschließend schnell wieder. Bei einer solchen Schwitzhütte sollte man die Decken schon in der Nacht wieder abnehmen, damit die Äste möglichst schnell abkühlen und sich wieder erholen können.

Wenn man die Zweige, die aus den zwölf senkrechten Ästen ausschlagen, seitwärts in die Kuppel flechtet, können sie nach und nach die waagerechten Äste, die nicht in der Erde stecken und daher nach und nach morsch werden, ersetzen.

III Geschichte

- Ritual -

Um herauszufinden, wann das Schwitzhütten-Ritual entstanden ist, kann man sich anschauen, aus welchen Elementen es besteht und seit welcher Zeit diese Elemente bei den Menschen in Gebrauch gewesen sind.

Das Urbild der Mutter reicht weit vor die Menschen selber zurück bis mindestens zu den ersten Säugetieren vor 160 Millionen Jahren.

Die ersten Hütten wurden vor 2 Millionen Jahren in Afrika erreichtet. Sie waren einfache Steinmauer-Kreise, in denen Äste steckten und eine Kuppel bildeten, über die Felle gelegt wurden.
Die ersten Hütten in Europa wurden vor 600.000 Jahren errichtet, also zum Beginn der letzten Eiszeit.

Das Feuer ist seit mindestens 1 Millionen Jahre in Benutzung – die ältesten, jedoch unsicheren Hinweise auf die Verwendung von Feuer reichen 4 Millionen Jahre zurück.

Religiöse Vorstellungen lassen sich erst seit der mittleren Altsteinzeit, d.h. seit ca. 300.000 Jahre durch einen Ritualplatz mit Altar, Stierschädel und Totenköpfen in Bilzingsleben in Thüringen nachweisen.
Ab der späten Altsteinzeit, d.h. seit 50.000 Jahren, sind die religösen Vorstellungen der Menschen durch Statuetten, Höhlenmalereien u.ä. direkt nachweisbar und deutlich detaillierter bekannt.
Allerdings wird es schon sehr lange vorher die Vorstellung einer Seele und daher auch von Ahnengeistern gegeben haben, da das Erlebnis des Verlassens des eigenen Körpers in Nahtod-Situationen („Astralreise") sogar von Tieren bekannt ist, wo sie sich dieses Phänomen in der Ohnmacht der Tiere in aussichtslosen Situationen zeigt („Totstell-Reflex").

Die Verwendung von Bildern und Namen von Tieren als Adjektive wird es schon sehr lange gegeben haben, da die Assoziation die grundlegende Art der Strukturierung der Inhalte der Psyche ist.
Denjenigen oder dasjenige, was man „Bär" nannte, hatte die Eigenschaften eines Bären, also vor allem eine „Bärenkraft".

Zu diesen altsteinzeitlichen „Bild-Adjektiven" gehören:

- Raubtier   = Stärke
- Herdentiere = Fruchtbarkeit, Zeugungskraft
- Vogel   = Seele (Astralkörper)
- Schlange   = Erde, Unterwelt, Grab, Ahnen

Diese vier Gruppen von Tieren sind aus der späten Altsteinzeit fast alle auch als Tier-Mensch-Mischwesen bekannt, also als Menschen, die die Eigenschaften dieser Tiere haben. Diese Mischwesen sind als Statuetten, als Höhlenmalereien und als Gravuren bekannt:

- Mensch + Herdentier   = Stiertänzer, Hirschtänzer
- Mensch + Raubtier   = Panthermann, Löwenmann
- Mensch + Vogel   = Seelenvogel (Vogel mit Menschen-
                                  kopf, Mensch mit Vogelkopf,
                                  Mensch mit Flügeln, Mensch in
                                  Federkleid usw.)

Es ist sehr wahrscheinlich, daß diese Symbolik deutlich weiter zurückreicht als die späte Altsteinzeit, da sie sehr ursprünglich ist und lediglich schlichte Assoziationen als Grundlage benötigt.

Zwei weitere wichtige Symboliken, die auf Assoziationen beruhen, sind:

Mutter = Geborgenheit, Fülle
Rot = Blut, Leben

Diese fünf Elemente – also das Mutter-Urbild, der Bau von Hütten, der Gebrauch des Feuers, die Kenntnis der Seele und die Tier-Symbolik – könnten also gut 1 Million Jahre zurückreichen.

Einen Grund für die Kombination dieser fünf Elemente zu einem Ritual hat es allerdings erst vor 600.000 Jahren zu Beginn der letzten Eiszeit gegeben. Zu dieser Zeit war es in dem kalten Eurasien naheliegend, die Hütten immer stärker abzudichten und sie zudem mithilfe von Steinen, die man im Feuer vor der Hütte zum Glühen gebracht hat, zu beheizen. Die nicht-spirituelle/magische Schwitzhütte, also das „beheizte Wohnhaus", wird also 600.000 Jahre alt sein.

Wenn man jedoch hinzunimmt, daß die Hütte der einzige Innenraum war, den man damals kannte, wird eine Assoziation zum Mutterbauch recht wahrscheinlich gewesen sein.

Für die Entstehung eines magisch-religiösen Weltbildes ist natürlich außer der Verknüpfung von Erlebnissen und Gefühlen durch Assoziationen auch eine Sprache notwendig, durch die solche inneren Assoziationsgeflechte anderen mitgeteilt und somit als Gruppen-Wissen weitergegeben werden konnte.

Der Ursprung der Sprache läßt sich nicht sicher erschließen. Die heutigen Sprachen gehen alle auf die Sprache des frühen Homo sapiens vor gut 100.000 Jahren in Afrika zurück. Anatomische und genetische Untersuchungen an den Vorfahren der heutigen Menschen zeigen, daß die Menschen seit mindestens 400.000 Jahren sprechen konnten.

Dem Gebrauch von Feuer und dem Bau von Hütten liegt zwar nicht zwingend die Fähigkeit sprechen zu können zugrunde, aber beides dürfte mithilfe von Sprache deutlich leichter zu handhaben gewesen sein – aber Biber, Termiten, Bienen und noch einige andere Tierarten bauen auch ohne Sprache komplexe Wohnanlagen.

Die Anlage des Kultplatzes mit Altar in Bilzingsleben in Thüringen vor 300.000 Jahren erforderte jedoch das Vorhandensein einer Sprache, da solch ein Ort mit rein symbolischer Funktion nicht nur durch Handlungen einem anderen deutlich gemacht werden kann.

Diese Überlegungen zeigen, daß es seit mindestens 400.000 Jahren ein in der Menschengruppe weitergegebenes Weltbild gegeben hat, das aus Assoziationen bestanden hat.

Die Schwitzhütte wird somit mindestens 400.000 Jahre alt sein, vermutlich jedoch eher 600.000 Jahre.

- Schamanen -

Das Erlebnis der Astralreise bei einem Nahtod wird nicht nur die Vorstellung einer Seele hervorgebracht haben, sondern auch die Vorstellung, daß diese Seele nach dem Tod weiterbesteht – schließlich kann das Bewußtsein in diesem Astralkörper den physischen Leib vorübergehend verlassen (Astralreise). Wenn die Seele (Astralkörper) den Körper während des Lebens verlassen kann, ist es denkbar, daß sie auch nach dem Tod des Leibes weiterexistiert.

Menschen, die gelernt haben, willentlich ihren Körper zu verlassen, werden „Schamanen" genannt.

Da die Eltern in der Altsteinzeit der einzige Rückhalt der Menschen gewesen sind, werden die Schamanen schon bald die Aufgabe erhalten haben, den Kontakt zu den Ahnen herzustellen – schließlich waren die Ahnen im „Astralkörper-Reich" und die Schamanen (die schließlich die Astralreise beherrschten) konnten folglich per Astralreise zu den Ahnen gelangen und von ihnen Rat und Hilfe für ihre Nachkommen holen.

Die Verbindung von Schamanismus und Ahnenkult ist auf der ganzen Erde die älteste Form der Religion und der Magie.

Wenn man nun diese beheizte Hütte, die Mutterbauch-Assoziation zu der Hütte, die Tiersymbolik, den Ahnenkult und den Schamanismus miteinander kombiniert, erhält man die sprituell-magische Schwitzhütte.

Man kann also davon ausgehen, daß die Schwitzhütten-Zeremonie im eiszeitlichen Eurasien vor ungefähr 600.000 Jahren entstanden ist. Für diese Überlegung spricht auch, daß die heutigen Schwitzhütten-Traditionen und ihre historisch bekannten Vorläufer aus Eurasien und Amerika stammen. Amerika wurde vor 16.000 Jahren von Nordost-Asien aus besiedelt. Diese Siedler wurden zu den Indianern, die das Schwitzhütten-Ritual aus ihrer eiszeitlichen Heimat in Eurasien mitgebracht haben und sie auch in den warmen Gebieten z.B. in Mittelamerika beibehalten haben.

- der Stammbaum der Menschen -

Während der frühen Altsteinzeit lebte in Afrika und Eurasien der recht klein-wüchsige Homo erectus. In Europa entwickelte sich der deutlich größere und stämmi-gere Neandertaler, der besser an die damalige Kälte angepaßt war. In Mittelafrika wurde aus dem Homo erectus der Homo sapiens.

Als vor 100.000 Jahren der Homo sapiens nach Eurasien eingewandert ist, gab es den ersten interkulturellen Austausch zwischen dem Homo erectus, dem Neandertaler (die beide Schwitzhütten benutzten) und dem eingewanderten Homo sapiens. Der Homo sapiens hat die Errungenschaften der beiden anderen Menschen-Stämme übernommen, teilweise zusammen mit ihnen Nachkommen gezeugt, und diese erste internationale Kultur-Synthese weiterentwickelt, wodurch u.a. die Frauen-Statuetten, die Höhlenmalerei und die Totempfähle entstanden sind.

Die Totempfähle gab es möglicherweise in der Form von Vogel-Stäben, die den Astralkörper dargestellt haben, schon länger, da sie nicht nur aus Eurasien und Amerika, sondern auch aus Afrika, also aus allen Kontinenten, bekannt sind.

Totempfähle müssen hingegen eine Weiterentwicklung der Vogelstäbe sein, da sie zum einen einfach große Vogel-Stäbe sind, die den Leib (Stamm) und den Seelen-vogel (oben auf dem Stamm darstellen) und weil sie von allen Kontinenten außer Afrika bekannt sind (von dort her ist der Homo sapiens in Eurasien eingewandert).

Ein weiteres Ritual des Homo erectus und des Neandertaler, das der Homo sapiens von ihnen übernommen hat, ist das Zeugungsfest zu Mittsommer, das dafür gesorgt hat, daß die Kinder in dem eiszeitlichen Eurasien zu Frühlingsanfang geboren wurden und dann im nächsten Winter nicht mehr so empfindlich gegen die bittere Kälte waren und eine größere Überlebenschance hatten.

Die Nachfolger dieses Zeugungsfestes finden sich in ganz Eurasien und Amerika als die Feste mit mehr oder weniger deutlicher sexueller Seite wie das Walpurgis-Fest, der Karneval, das Fest der Dakotas, an der jede Form von Sex mit jedem erlaubt ist, der Vereinigung des Königs mit der Hohepriesterin in Sumer usw.

Die Existenz von Religion und Magie in der Altsteinzeit zeigt sich u.a. auch darin, daß sich in der kleinen Siedlung mit vier Wohnhütten, die vor 300.000 Jahren in Bilzingsleben in Thüringen errichtet worden ist, auch ein Altar mit einem Stierschädel und Resten von menschlichen Totenschädeln gefunden hat. Der Schlachtplatz, mit dem man einen solchen Altar ja verwechseln könnte, lag ein Stückchen abseits der Siedlung.

- Göbekli Tepe -

Zu Beginn der Jungsteinzeit, die mit dem Ende der Eiszeit um 10.000 v.Chr. begann, finden sich in Göbekli Tepe im Norden von Mesopotamien die ersten Tempel. Sie sind große, steinerne Schwitzhütten und enthalten alle hier beschriebenen Elemente der altsteinzeitlichen Weltanschauung einschließlich der Tiere, der Totempfähle und der Ahnen.

- Schlange und Geier -

Die Schlange im Westen der Schwitzhütte ist auch die Seele des Menschen, die in die Unterwelt eingeht. In den Tempeln von Göbekli Tepe erscheinen die Ahnen als Schlangen. Diese Symbolik hat sich in fast allen Mythologien erhalten können.

Der Adler im Osten deer Schwitzhütte ist ebenfalls die Seele des Menschen, sie ist jedoch der Seelenvogel, der aus der Unterwelt zurückkehrt.

Der Adler bzw. in den frühen Mythologien der Geier, also der größte Vogel, muß der schlichten Assoziaitonslogik zufolge auch der Seelenvogel des größten Wesens, das wiedergeboren wird, sein: Der Geier/Adler ist daher in allen Mythen der Seelenvogel der Sonne.

Die Erdgöttin bzw. in manchen Mythologien die Himmelsgöttin hat oft, da sie die Mutter der Sonne ist, ebenfalls die Gestalt eines Geier-Weibchens. Sie findet sich u.a. auf den Pfeilern in den Tempeln von Göbekli Tepe (10.000 v.Chr.), auf den Tempelwänden von Çatal Höyük (7000 v.Chr.) und in Ägypten als die Geiergöttin Mut (ab 3250 v.Chr.).

Diese Göttinnen erscheinen vor allem als Geier-Weibchen, da der Geier sowohl Eier legt (Geburt der Sonne am Morgen) als auch Aas, also die Toten frißt (Tod der Sonne am Abend).

Bereits in Göbekli Tepe ist der Geier bzw. das Geier-Weibchen zusammen mit der Sonnenkugel bzw. der Sonnenscheibe dargestellt worden.

IV Wurzeln

Nachdem der Aufbau einer Schwitzhütte, das Schwitzhütten-Ritual und der Ursprung und die Geschichte der Schwitzhütten betrachtet worden sind, kann nun die Bedeutung der Schwitzhütte für die Magie beschrieben werden. Dabei werden auch die einzelnen Aspekte der Schwitzhütte und ihre Geschichte noch genauer dargestellt.

Als ältestes Ritual der Menschen ist die Schwitzhütten-Zeremonie auch die Wurzel der meisten religiösen und magischen Strukturen und Handlungen.

1. Muttergöttin

Die Muttergöttin ist die zentrale Gestalt in der Psyche und auch in den alten Religionen. Selbst in den meisten monotheistischen Religionen taucht sie noch in einer wichtigen Position auf wie Shekinah im Judentum, Maria im Christentum oder die Göttin Tara im Buddhismus.

Der Schutz, die Wärme, die Ernährung und die Fülle, die die Mutter den Menschen gibt, ist auch in der Religion und teilweise ebenso in der Magie eines der wichtigsten Themen.

Auch die Geborgenheit in der Gemeinschaft, die man unter anderem in der Schwitzhütte erleben kann, ist ein Aspekt der Muttergöttin.

Diese Urgöttin ist jedoch nicht nur die Mutter, sondern auch die Jägerin, wie ihre frühen Darstellungen in der Jungsteinzeit als Göttin, die von zwei Panthern begleitet wird, zeigen. Der Panther war die Kraft, von der sich die Jäger wünschten, das sie ihnen von der Göttin und den Ahnen gesendet wird.

Diese Panthergöttin erscheint um 10.000 v.Chr. in Göbekli Tepe, um 7.000 v.Chr. in Çatal Höyük, um 3.000 v.Chr. in Ägypten als die Göttin Mafdet, um 800 v.Chr. in Mesopotamien als Cybele, um 1000 n.Chr. bei den Germanen als Freya in ihrem Katzen-Wagen usw.

In einigen Religionen ist die Welt aus einem Urriesen erschaffen worden, wobei es sowohl das Motiv „die Welt ist der lebende Urriese" als auch das Motiv „die Welt besteht aus den Körperteilen des toten Urriesen" gibt. Möglicherweise ist dem das Motiv der Welt als einer Urriesin (Urfrau, Urgöttin) vorausgegangen – das ist jedoch keineswegs sicher, da sich dieses Motiv nur bei den Sumerern als Tiamat und bei den Qetchuas („Inkas") als Urriesin findet.

Diese Urriesin wäre dann vermutlich mit der Erdgöttin in einigen späteren Mythologien identisch.

Das Wort „Religion" bedeutet „Rückverbindung" im Sinne einer haltgebenden Nabelschnur. Somit wird sich auch das Wort „Religion" ursprünglich auf die Muttergöttin bezogen haben – also auf die Mutter, mit der das Ungeborene durch eine Nabelschnur verbunden ist. Diese Nabelschnur wird in magisch-spiritueller Hinsicht durch die Schwitzhütten-Zeremonie, bei der die Teilnehmer ja wie Ungeborene „im Bauch der Mutter" sitzen, wiederhergestellt.

Aus psychologischer Sicht kann man sagen, daß die Schwitzhütten-Zeremonie das grundlegende „orale Ritual", also das Ritual der oralen Phase des Säuglings ist. Die typische Darstellung dieser Göttin ist die Mutter, die ihr Kind stillt – z.B. Isis mit Horus auf ihrem Schoß.

Das Ritual der analen Phase ist das Ritual des Korn- und Totengottes, da die Entwicklung der Landwirtschaft die wesentliche Errungenschaft der Jungsteinzeit gewesen ist. Dieser Gott hält z.B. in Ägypten als Osiris in seiner rechten Hand einen Dreschflegel als Symbol des Getreides und in seiner linken Hand einen Hirtenstab als Symbol des Viehs.

Das Ritual der genitale Phase ist der Kult des Sonnengottes, der die Zentrierung auf eine Mitte symbolisiert – z.B. auf den ägyptischen Sonnengott Re.

2. Ahnen

In den heutigen Schwitzhütten werden die Ahnen durch die zwölf senkrechten Stäbe symbolisiert. Diese Symbolik wird es auch schon in der späten Altsteinzeit gegeben haben, da diese Stäbe um 10.000 v.Chr. in den Tempeln von Göbekli Tepe als steinerne Pfeiler erscheinen, die die Gestalt von stilisierten Menschen mit Armen, Köpfen und Kleidung haben.

Da bedeutet, daß die Ahnen in die Schwitzhütten gerufen wurden und als die senkrechten Stäbe der Schwitzhütte hinter dem Rücken der in der Schwitzhütte sitzenden Menschen diesen Menschen Rückhalt gegeben haben.

Diese senkrechten Stäbe entsprechen auch den Totempfählen, die ebenfalls die Ahnen und deren Seelenvogel darstellen. Die zu Beginn der Jungsteinzeit auch aus Stein hergestellten Totempfähle in den Schwitzhütten-Tempeln sind in nur wenig weiterentwickelter Form vor allem als die steinernen Statuen auf den Osterinseln bekannt geworden.

Als bei diesen frühjungsteinzeitlichen Tempeln die aus losen Steinen aufgeschichteten Mauern fortgelassen worden sind, um größere Steinkreise für eine größere Teilnehmerzahl errichten zu können, erscheinen diese Ahnen-Steinpfeiler dann als ein Kreis von Menhiren.

Noch später sind daraus dann die Statuen der Götter, Helden, Heiligen und sonstigen Wesen entstanden. Sie haben die Tradition der steinernen Totempfähle und der Steinstatuen der frühen Jungsteinzeit in Göbekli Tepe und Nevali Cori in Nord-Mesopotamien fortgeführt.

3. Familienaufstellungen

Die Herstellung der Verbindung zu den Ahnen erscheint in der Religion, der Magie und der Psychologie als Geister, Gespenster, Ahnenkult, Heiligenkult, Spiritismus, Familienaufstellungen usw. Der Kontakt zu den Ahnen hat offensichtlich immer seine große Bedeutung behalten.

4. Traumreisen

Die Traumreise ist des öfteren auch ein Element der Schwitzhütten-Zeremonie – z.B. wenn man durch das Loch, in dem die glühenden Steine liegen, in die Erde zu dem Wurzelchakra der Erde (zu dem glühenden Eisen/Nickel-Kern) reist, um von dort seine eigene Kundalini in den eigenen Leib herauf zu rufen.

Es gibt jedoch in der Schwitzhütte auch „spontane Traumreisen" – z.B. wenn sich die Teilnehmer auf Anregung des Wasseraufgießers an den Bären im Norden wenden und ihn innerlich fragen, ob er ihnen etwas sagen will. In solchen Situationen kommt es vor, daß manchen Teilnehmern der Bär als Vision erscheint und ihnen etwas sagt, was sie erschüttert, weil es genau der Entwicklungsschritt ist, um den sie sich seit Jahren erfolgreich drücken.

Man kann auf vielfältige Weise zu „Traumreisen in der Schwitzhütte" gelangen, auch wenn man zuvor noch keinerlei Erfahrungen mit Traumreisen und ähnlichem gehabt hat.

5. Kreis

Der Kreis der Schwitzhütte mit den zwölf senkrechten Stäben hat immer seine Bedeutung als das Runde, Heile, Vollständige und Geschüzte behalten. Er erscheint als Ahnenkreis, als Steinkreis, als der magische Schutzkreis, als der Tierkreis, als die Versammlung von Gleichgestellten (Druiden, Apostel, Ritter der Tafelrunde usw.), als Arena, als konzentrischer Tempel, als Mandala und noch als vieles andere mehr.

Das Bild der halbkugelförmigen Schwitzhütte hat sich in dem Urhügel, in der Urinsel und in dem Götterberg erhalten, die in manchen Mythologien „das erste Land" sind, das aus der Urflut aufgetaucht ist. Auf diesem Urhügel wohnen die ersten Götter. Nachdem die ganze Erde aus der Urflut aufgetaucht ist, wurde der Urhügel zu dem Götterberg in der Mitte der Welt.

Die Ahnen, die durch die senkrechten Stäbe der Schwitzhütte repräsentiert werden und die später zu den Steinpfeilern, Menhiren, Säulen und Statuen rings um die Tempel geworden sind, sind die Verbündeten und die Beschützer der Menschen in dem „heiligen Raum".

In der Schwitzhütte sind neben den Ahnen auch noch die vier Tiere, Großmutter Erde, Großvater Himmel und das Große Geheimnis solche Beschützer.

6. Himmelsrichtungen

Die vier Himmelsrichtungen wird es bereits in der Altsteinzeit als Orientierungshilfe gegeben habe. Vor der Erfindung des Kompasses konnte man nur anhand des Sonnenstandes die Himmelsrichtungen erkennen – und diese Form der Orientierung war für die Menschen, die damals nomadisch oder halbnomadisch von der Jagd gelebt haben, von grundlegender Bedeutung.

Diese vier Richtungen sind Sonnenaufgangspunkt (Osten), der Höchststand der Sonne (Süden), der Sonnenuntergangspunkt (Westen) und der Nacht-Ort (Norden).

Bereits in den Tempeln von Göbekli Tepe ist zu sehen, daß der Osten der Geburt, der Süden dem Leben, der Westen dem Sterben und der Norden dem Tod zugeordnet worden ist. Dieses System muß zumindest bis in die späte Altsteinzeit zurückreichen, da auch bei den Chinesen in den frühsten Texten das Prinzip „Yang" die männliche, helle, warme, südliche Diesseits-Seite eines Hügelgrabes darstellt, während das Prinzip „Yin" die weibliche, dunkle, kalte, nördliche Jenseits-Seite des Hügelgrabes verkörpert.

Diese Symbolik der vier Himmelsrichtungen finden sich selbst noch in der heutigen Magie: Im Süden befindet sich das heiße Sommer-Feuer, im Norden die kalte Winter-

Erde; die Luft im Westen gibt der Sonne am Morgen neue Bewegungen und das Wasser im Westen gibt ihr am Abend Entspannung und Ruhe.

7. Mandala

- Kreis und Kreuz -

Durch die Anordnung verschiedener Elemente zu den vier Richtungen auf dem Kreis der Schwitzhütte ergibt sich ein einfaches Mandala.

Die Bedeutung der Elemente der Grundstruktur des Mandalas ergeben sich aus dem Kreis des Horizonts und den vier Phasen des Sonnenlaufs, die den vier Richtungen entsprechen:

- Osten	= Sonnenaufgang	= Geburt	= Übergang
- Süden	= Tag	= Leben	= Diesseits
- Westen	= Sonnenuntergang	= Sterben	= Übergang
- Norden	= Nacht	= Tod	= Jenseits

In diese vier Phasen wurden die vier wichtigsten Tierarten eingeordnet:

- Osten	= Sonnenaufgang	= Geburt	= Seelenvögel
- Süden	= Tag	= Leben	= Herdentiere
- Westen	= Sonnenuntergang	= Sterben	= Schlange
- Norden	= Nacht	= Tod	= Raubtiere

Die Vögel symbolisieren die Seele (Astralreise), die Herdentiere die Gemeinschaft, die Raubtiere die Kraft und die Schlangen die Ahnen in der Unterwelt.

In den frühen Kulturen gibt es jedoch nicht nur diese vier Richtungen, sondern insgesamt sieben Richtungen. Ob dies auch schon in der Steinzeit so gewesen ist, ist unklar. In der erhaltenen Schwitzhütten-Überlieferung sind die drei weiteren Richtungen:

- oben	= Himmel	= Großvater	= Verantwortung
- unten	= Erde	= Großmutter	= Vertrauen
- Mitte	= Hier und Jetzt	= Geheimnis	= Leben

Der heute in der Magie bekannteste „Kreis mit vier Richtungen" ist sicherlich das Pentagramm-Ritual, das aus einem Kreis und den vier Erzengeln in den vier Richtungen besteht. Auch die drei anderen Richtungen sind in dem Pentagramm-Ritual enthalten: das Hexagramm oben, der Kreis unten und der Magier im Zentrum.

Auch das grundlegende buddhistische Mandala enthält die fünf Richtungen: Buddha Amitabha (Erkenntnis) im Westen, Buddha Amoghasiddhi (Furchtlosigkeit) im Norden, Buddha Aksobhya (Mitgefühl für alle) im Osten, Buddha Vairocana (Lehre) in der Mitte, und Buddha Ratnasambhava (Hilfe) im Süden.

Hier stimmen die Qualitäten der fünf Aspekte von Buddha, die zugleich Phasen seiner Biographie sind, mit den Qualitäten der vier Tiere in der Schwitzhütten-Zeremonie weitgehend überein: Die Schlange im Westen erkennt das Verborgene, der Bär im Norden macht furchtlos, der Adler im Osten sieht alles, die Büffelfrau im Süden ist hilfsbereit, und das Große Geheimnis im Zentrum lehrt zu leben.

Auch bei den Hopis und den Navahos gibt es ähnliche Mandalas. Bei den Prärie-Indianern werden diese Mandalas „Medizinrad" genannt.

- Himmels-Gewölbe -

Wann die Himmels-Halbkugel-Symbolik zu der Schwitzhütte hinzugekommen ist, ist unklar – möglicherweise erst in der Jungsteinzeit.

- Tierkreis -

Ein wenig unsicher ist auch, wann die Ekliptik, also die Bahn, auf der sich die Sonne, der Mond und die Planeten bewegen, in der Form des zwölfteiligen Tierkreises entstanden ist.

Da die ältesten Zahlensysteme alle auf den binären Zahlen „1, 2, 4, 8" beruhen und der Tierkreis zwölfgeteilt ist, wird der Tierkreis wahrscheinlich erst in der Jungsteinzeit nach der Erfindung des 12er-Zahlensystems entstanden sein.

Für diese Annahme spricht auch, daß z.B. die Mayas den Himmel noch nach dem alten Binärsystem in 4, 8 oder 16 Richtungen und Abschnitte einteilen.

Es ist somit auch unwahrscheinlich, daß einst die Tierkreiszeichen den Ahnen gleichgesetzt worden sind.

In den Tempeln von Göbekli Tepe findet sich auch noch die „8" als die vollständige bzw. vollkommene Zahl – z.B. als acht Ahnenpfeiler in den Tempelmauern. Das läßt vermuten, daß auch die Schwitzhütten in der Altsteinzeit mit acht Stäben errichtet worden sind – falls man sich damals schon an diesen Zahlen orientiert haben sollte.

- Mond -

Möglicherweise hat damals auch schon der Mond eine Symbolik gehabt – die gleiche Dauer des Mondzyklus und des weiblichen Menstruations-Zyklus wird kaum übersehen worden sein.

Die Phasen des Mondes könnten mit Geburt (zunehmender Mond), Leben (Vollmond), Sterben (abnehmender Mond) und Jenseits (Neumond) assoziiert worden sein – doch das lediglich eine vage Hypothese.

Ob der Mond damals für die Schwitzhütten eine Rolle gespielt hat, ist ausgesprochen ungewiß. Denkbar wäre die folgende Zuordnung:

- Osten	= Sonnenaufgang	= zunehmender Mond
- Süden	= Tag	= Vollmond
- Westen	= Sonnenuntergang	= abnehmender Mond
- Norden	= Nacht	= Neumond

- Orion -

Es ist sicher, daß das Sternbild Orion in der Altsteinzeit einen Jäger dargestellt hat – möglicherweise auch den Urmenschen/Urriesen selber.

Dies läßt sich daran erkennen, daß der Orion bei sehr vielen verschiedenen Völkern als „Himmelsjäger" angesehen worden ist bzw. noch immer so aufgefaßt wird. Und der Jäger ist in der Steinzeit eines der wichtigsten Urbilder überhaupt gewesen, da sich die Menschen damals hauptsächlich von der Jagd ernährt haben.

Der Himmeljäger Orion wird aber wohl kaum ein Bestandteil des Schwitzhütten-Mandalas gewesen sein – es sei denn als das Urbild der Menschen, die sich in der Schwitzhütte versammelt haben.

Ein interessanter Fund aus der Altsteinzeit in Eurasien ist eine Hütte, die vollständig aus den Schädeln und Knochen von Mammuts hergestellt worden ist.

Aus der späten Altsteinzeit sind viele Frau/Kuh-Mischformen bekannt, die dann später zu den Kuhgöttinnen geworden sind wie z.B. die Göttin Hathor bei den Ägyptern, die Urkuh Audhumbla bei den Germanen oder die Weiße Büffelfrau bei den Dakota-Indianern.

Der Fund der Mammut-Hütte läßt vermuten, daß sie eine aus Mammut-Knochen errichtete Schwitzhütte gewesen ist, in der die Muttergöttin als Mammut-Weibchen aufgefaßt worden ist, in deren Bauch die Teilnehmer gesessen haben. In dieser Weise ist diese Göttin später dann als Kuh und seltener auch als Stute, Ziege, Hindin, Bache, Sau und Schaf angesehen worden.

8. Feuer

Das Feuer spielt in der Magie insofern eine Rolle, als bei vielen Ritualen ein Feuer oder eine Kerze entfacht wird. Dieses Feuer stellt das Tor zwischen den Welten dar.

Diese Symbolik ist wie folgt entstanden: Wenn man den Toten eine Gabe senden wollte, mußte man diese Gabe töten, damit auch sie wie die Toten tot war und folglich ins Jenseits gelangte. Dazu konnte man die Gabe töten, sie zerbrechen, sie in einem tiefen Wasser versenken oder sie verbrennen. Von diesem Motiv des Verbrennens leitet sich auch der Brauch der Brandbestattung ab, durch die die Seele des Toten ins Jenseits gesandt wird.

Da in der Magie sehr oft die Ahnen und die Götter um Hilfe angerufen werden, ist das Feuer als „Öffner des Tores zum Jenseits" in vielen Ritualen ein wichtiges Element.

Selbst noch in den Mysterien von Eleusis, die vor allem eine symbolische Jenseitsreise gewesen zu sein scheint, bei der man seiner Seele begegnet, ist das große Feuer in der Mitte des oben offenen Tempels das zentrale Element gewesen. Auch in der persischen Religion des Zarathustra ist das Feuer das zentrale Kult-Element.

Schließlich ist das Feuer auch noch ein Symbol für die Lebenskraft, die man in der Form der Kundalini als innere Hitze erleben kann. Außer als Hitze kann die Lebenskraft auch noch als elektrisches Prickeln, als Entspannung, Schwere, Vibration und als Nebel bzw. Rauch erlebt werden.

Bei der Vorbereitung einer Schwitzhütte ändert sich sehr deutlich die Stimmung in dem Moment, in dem man das Feuer entzündet, in dem die Steine zum Glühen gebracht werden. Auch bei der Schwitzhütte ist somit das Entzünden des Feuer ein

Öffnen des „Tores" zum Jenseits, eine Einladung an die Ahnen und Götter, zu den Teilnehmern der Schwitzhütte zu kommen.

9. Kundalini

Das Loch in der Mitte der Schwitzhütte, in das der Feuermann die glühenden Steine legt, ist das erwachte Wurzelchakra der Göttin, aus der ihre Kundalini aufsteigt: die Hitze in der Hütte.

Dies ist eine Symbolik, die man auch gut in dem Schwitzhütten-Ritual selber verwenden kann, wenn man die Lebenskraft der Teilnehmer stärken will oder wenn es darum geht, den Teilnehmern zu helfen, sich wieder ihrer ursprünglichen Impulse und Wünsche bewußt zu werden.

10. Räucherung

- Salbei -

Die Schwitzhütte und auch die Teilnehmer werden mit Salbei beräuchert. Räucherwerk hat einen lange Tradition, wobei sich der Anfang dieser Tradition nur schwer feststellen läßt, da Räucherwerk keine archäologisch faßbaren Spuren hinterläßt.

- Statuen -

Im Alten Ägypten wurde Räucherwerk „Senetjer" genannt, d.h. „das, was göttlich macht". „Netjer" bedeutet „Gott" und die Vorsilbe „se-" kennzeichnet einen Kausativ, also eine Verursachung. In dieser Weise wird auch aus dem Adjektiv „hedj" für „weiß" das Verb „sehedj" für „weißen, tünchen, erhellen" gebildet.

Wenn Räucherwerk vor einer Statue verbrannt wird, kommt die Gottheit bzw. der Geist des Toten in diese Statue. Das Räucherwerk füllt sozusagen die Statue mit Lebenskraft, die dadurch zu einem möglichen Aufenthaltsort für diese Gottheit bzw. diesen Totengeist geworden ist.

Im Indischen gibt es aufgrund dieses wesentlichen Unterschiedes sogar zwei verschiedene Begriffe für „Statue" und für „geweihte Statue".

- Tabak -

Bei den Indianern ist auch der Tabakrauch ein Symbol für die Lebenskraft, die bei den amerikanischen Ureinwohnern nicht wie in Europa als „milchigweißer Nebel", sondern als „Rauch" beschrieben wird. Auch die Tabakbeutelchen in der Schwitzhütte sind somit Lebenskraft-Symbole bzw. Lebenskraft-Träger.

- Drogen -

Schließlich gibt es vereinzelt noch den Brauch, in der Schwitzhütte auch Drogen zu räuchern.

Am besten bekannt sind die Hanfsamen-Räucherungen in den Schwitzhütten der Skythen. Auch bei den Persern war die Hanfsamen-Räucherung in der Schwitzhütte gut bekannt. Sowohl die Skythen als auch die Perser gehören zu den Indogermanen, die dafür bekannt sind, magisch-spirituelle Erlebnisse auf pharmazeutisch-technische Weise herbeiführen zu wollen.

Wie weit der Gebrauch von Drogen-Räucherwerk in Schwitzhütten einst verbreitet gewesen ist, läßt sich kaum sicher feststellen – dieses Hilfsmittel wird jedoch vermutlich nicht zu den ursprünglichen Elementen der Schwitzhütte gehört haben.

- Herkunft -

Die Symbolik der Räucherung beruht vermutlich auf der bereits beschriebenen Symbolik des Feuers.

11. Hügelgrab

Da die Schwitzhütte den Bauch der Mutter(-göttin) dargestellt hat und man sich die Ankunft der Toten im Jenseits als eine Wiedergeburt vorgestellt hat, lag es nahe, auch das Grab als eine Schwitzhütte aufzufassen. Von diesem Brauch ist aus früher Zeit jedoch nur die Tradition der Skythen, ihrem Sonnengott-Göttervater Papaios zu dessen Fest einen großen Reisighaufen zu errichten, übriggeblieben. Wie jeder Sonnengott enthält auch die Mythe des Papaios den (abendlichen) Tod und die (morgendliche) Wiedergeburt der Sonne.

Vermutlich reicht der Brauch des Reisighaufens auf einem Grab als Symbol des Schwangerschafts-Bauches von „Mutter Erde", die den Toten in sich trägt, der dann nach neun Monaten im Jenseits wiedergeboren, weit in die Altsteinzeit zurück.

Ab ungefähr der mittleren Jungsteinzeit wurden für Fürsten und andere besondere Männer Hügelgräber angelegt, d.h. Schwitzhütten aus Steinen und Erde. Sie bestanden wie die Schwitzhütten aus einem Kuppelbau mit einer Kammer in ihm sowie einem Gang, der zu dieser Kammer führt. In dem Hügelgrab liegt der Tote im Bauch von Mutter Erde.

Noch später wurden aus diesen Hügelgräbern dann die Mausoleen der Könige, Feldherrn und ähnlicher Personen.

12. Tempel

Zu Beginn der Jungsteinzeit wurden die Schwitzhütten zu den ersten Tempeln, wobei der Hauptunterschied zwischen beidem zunächst nur die vermehrte Verwendung von Steinen und die detailreichere architektonische Darstellung des Mutterbauchs gewesen ist.

Hütten mit einer runden Grundmauer sind schon vor zwei Millionen Jahren errichtet worden. Sie haben dieselbe Grundform wie die Schwitzhütten und wie die äußere Grundmauer der Tempel von Göbekli Tepe um 10.000 v.Chr.

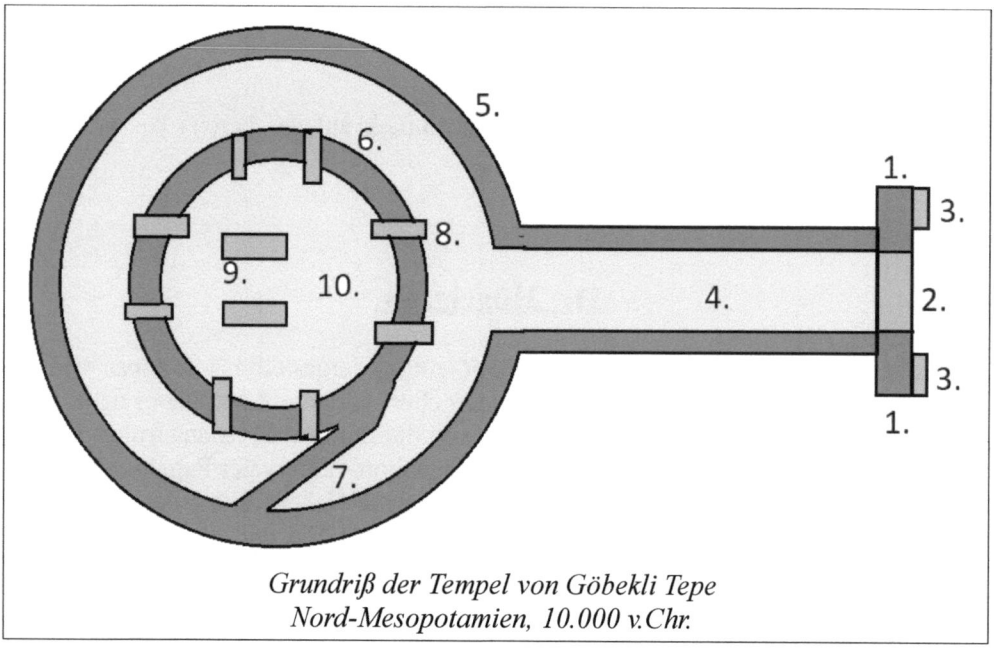

Grundriß der Tempel von Göbekli Tepe
Nord-Mesopotamien, 10.000 v.Chr.

1. Die Steinplatte mit einem großen Loch (2.) zum Hindurchkriechen vor dem Gang stellt die Scham der Mutter dar.

3. Die beiden Panther vor dem Eingang zu dem Gang stellen die Kraft der Muttergöttin dar, die auch eine Jagdgöttin gewesen ist. Die Zahl „2" ist sehr wahrscheinlich ein Hinweis auf auf Diesseits und Jenseits: Die Mutter ist eine zweifache Göttin – sie ist die Diesseitsmutter und die Jenseitsmutter.

4. Der Gang, der in den äußeren Steinkreis hineinführt, stellt die Vagina der Mutter dar.

5. Die äußere kreisförmige Steinmauer des Tempels stellt den Bauch der Mutter dar.

6. Die innere kreisförmige Steinmauer des Tempels stellt das Kind im Mutterbauch dar.

7. Die Mauer, die von dem äußeren Steinkreis zu dem inneren Steinkreis führt, stellt die Nabelschnur dar.

8. Die meist acht Steinpfeiler in dem inneren Steinkreis stellen die Ahnen dar – dies sind zuvor die senkrechten Stäbe der Schwitzhütte bzw. die Totempfähle gewesen.

9. Die beiden großen Steinpfeiler in der Mitte des inneren Steinkreises stellen wahrscheinlich wie die Totempfähle allgemein „Leib und Seele" dar.

10. Der eigentliche Tempelraum im inneren Steinmauer-Kreis stellt das Kind in der Gebärmutter dar.

Die beiden Steinkreise sind wie die Schwitzhütten mit einer Kuppel aus Ästen und Fellen bedeckt gewesen – diese Tempel hatten also ein zweifaches Dach, sie bestanden aus einer inneren Kuppel (Kind) in einer äußeren Kuppel (Mutter). Auch der Gang ist durch Äste und Felle bedeckt gewesen.

In den inneren Steinkreis gelangte man über eine Leiter, mit deren Hilfe man über die innere Steinmauer geklettert ist.

Symbolisch gesehen ist der Weg in einen solchen Tempel eine sexuelle Vereinigung und eine Zeugung; der Weg aus dem Tempel nach draußen entspricht einer Geburt. Diese Symbolik dürfte den damaligen Menschen sicherlich bewußt gewesen sein. Es ist daher anzunehmen, daß diese Tempel auf der Diesseits-Seite der Symbolik auch die Bedeutung der Zeugung (nach innen) und der Geburt (nach außen) sowie auf der Jenseitsseite dieser Symbolik auch die Bedeutung der Wiederzeugung (nach innen) und der Wiederzeugung (nach außen) gehabt haben werden. Vermutlich wird diese

Symbolik auch schon damals bereits durch die Symbolik des Stillens im Diesseits und des Wiederstillens im Jenseits ergänzt worden sein.

Aus diesem Wiederstillen sind dann die Ritualtränke vom Nektar ambrosia der Griechen und dem Soma amrita der Inder über den Abendmahlswein der Christen bis hin zu dem Lebenselixier der Alchemisten entstanden.

Bewegungen in der Schwitzhütte			
Bereich der Welt	*Vorgänge*		
	1. Phase: *von außen nach innen*	*2. Phase:* *von innen nach außen*	*3. Phase:* *außen*
Diesseits	Zeugung	Geburt	Stillen
Jenseits	Wiederzeugung	Wiedergeburt	Wiederstillen

Als am Übergang von der frühen zur mittleren Jungsteinzeit in Mesopotamien rechteckige statt runde Hütten gebaut wurden, erhielten auch die Schwitzhütten-Tempel eine rechteckige Form.

Diese rechtwinklige Form findet sich bei fast allen späteren Tempeln, da sich auch die rechteckige Hausform allgemein durchgesetzt hat, weil sie in der Dorfgemeinschaft und in der Stadt platzsparender ist als die runde Hausform.

Die bekannteste Weiterentwicklung der Schwitzhütten-Tempel sind sicherlich die ägyptischen Pyramiden, bei denen der Kuppelbau zu der Pyramide geworden ist, der innere Kreisring-Raum zu der Grabkammer und der Gang zu dem langen überdachten Prozessionsweg, der vom Nilufer-Tempel bis zu dem Tempel vor der Pyramide führt.

Derartige Tempel sind auch in China und in Mittelamerika aus der Schwitzhütte und dem Hügelgrab entwickelt worden.

Bei manchen Tempeln und religiösen Anlagen wurde der Bauplan der Schwitzhütten-Tempel auf den runden Kuppelbau reduziert, wodurch ein Mandala-Tempel entstand wie die buddhistischen Stupas, die Medizinräder der Indianer oder der Petersplatz in Rom.

Andere spätere Tempel betonten vor allem den Gang, also den Weg zu der Gottheit des betreffenden Tempels wie die ägyptischen Gangtempel (vor allem die Grabtempel) oder die christlichen Kirchen.

Die Griechen haben die die zentrale Kammer in ihren Tempeln beibehalten, aber die Steinpfeiler zu den Säulen rings um diese Kammer weiterentwickelt. Diese Säulen entsprechen von ihrem Ursprung her den Stäben der Schwitzhütte, dem Reisig der Reisig-Grabhügel, der Erde der Hügelgräber, den Menhiren der Steinkreise und den Totempfählen.

13. Megalithbauten

Als die Gemeinschaften in der mittleren Jungsteinzeit immer größer wurden, entstand das Bedürfnis nach religiösen Versammlungsorten von größeren Gemeinschaften. Da man damals noch keine Schwitzhütten-Tempel errichten konnte, in denen mehr als 30 Menschen Platz hatten, vereinfachte man das Prinzip des Schwitzhütten-Tempels, indem man die Kuppel und die Mauern fortließ und sie auf die Ahnen-Pfeiler reduzierte, die in der inneren ringförmigen Steinmauer standen.

Dadurch entstand ein Kreis aus Steinpfeilern, also aus stehenden Steinen, d.h. der Steinkreis der Menhir-Kultur. Es lag nahe, auch den Gang zu diesem Steinkreis durch stehende Steinen zu markieren, also durch eine Menhir-Allee, die zu dem Steinkreis führt.

Es finden sich auch die beiden großen Menhire am Beginn der Steinallee, die die beiden Panther der Schwitzhütten-Tempel repräsentieren, sowie die Gruppe von mehreren großen Menhiren im Zentrum, die auf die beiden großen Steinpfeiler in der Mitte der Schwitzhütten-Tempel zurückgehen.

Aus dieser Herkunft der Menhir-Anlagen ergibt sich, daß die „stehenden Steine" die Ahnen im Jenseits darstellen. Die Steine, aus denen die Grabkammern der Hügelgräber und die Dolmen (Hügelgräber, von denen nur noch die inneren Steine stehen) bestehen, stellen hingegen wie die Schwitzhütte den Bauch von Mutter Erde dar.

14. Jenseitsreise-Symbol

Die Zweiteilung der Welt in Diesseits und Jenseits, d.h. in die Leib-Welt und die Seelen-Welt, findet sich schon in der späten Altsteinzeit. Diese beiden Welten sind miteinander verbunden: Während des Lebens wohnt die Seele in einem Leib.

Diese Symbolik ist seit der späten Altsteinzeit gut bekannt und ist auf verschiedene Weise dargestellt worden.

Aus dieser Symbolik der zwei Welten, die miteinander zusammenhängen, ist schließlich die Magie-Weisheit „wie oben, so unten" entstanden.

Auf den nächsten Seiten ist eine Auswahl von Darstellungen dieser Symbolik von der späten Altsteinzeit an bis heute abgebildet.

*zwei Frauen;
Angle sur Anglin,
12.000 v.Chr.*

*Frau, linker Arm
oben, rechter Arm
unten;
Galgenberg, 32.000
v.Chr.*

*zweifache Frau;
Laussel, 30.000
v.Chr.*

*Frau, linker Arm
oben, rechter Arm
unten;
Releveuco, 17.000
v.Chr.*

*„H": links und
rechts die beiden
Welten, dazwischen
zwei Verbindungen;
Göbekli Tepe, 9.000
v.Chr.*

*Frau, linker Arm
oben, rechter Arm
unten;
Göbekli Tepe,
10.000 v.Chr.*

*Reste eines
steinernen
Totempfahls: zwei
Frauenköpfe (von
dem linken sind nur
noch die Haare zu
sehen) und
Seelenvogel;
Nevali Cori, 9.000
v.Chr.*

*Mierlo, 9.000
v.Chr.*

am Gürtel einer Statue (Schamane): zweimal das „H" (Diesseits hier und Jenseits dort), dreimal das „ꓕ" (Diesseits oben, Jenseits unten); Göbekli Tepe, 9.000 v.Chr.

das „H" an dem Schamanen-Pfeiler; Göbekli Tepe, 9.000 v.Chr.

zwei Geier-Paare (Diesseits- und Jenseitsgöttin) mit Symbolen auf dem Rücken („Doppelpfeil" bzw. „Stundenglas") auf zwei Türmen mit einem kopflosen, umgekehrten Menschen (links) bzw. einem Totenkopf (rechts); Çatal Höyük, 7.000 v.Chr.

Doppelfrau (Diesseits- und Jenseitsgöttin); Çatal Höyük, 7.000 v.Chr.

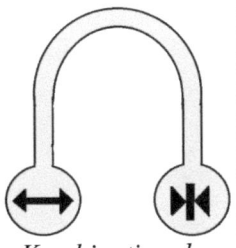

Kombination des Hantel-Symbols und der beiden Pfeil-Symbole (Rekonstruktion)

Symbol des linken Geiers: Tod – Weg von außen nach innen bzw. Trennung von Leib und Seele

Symbol des rechten Geiers: Geburt – Weg von innen nach außen bzw. Verbindung von Leib und Seele

*„Hantel-Symbol":
zwei Kreise, die mit
einem Bogen ver-
bunden sind (Dies-
seits und Jenseits
und der Weg dazwi-
schen); Almendres,
6.000 v.Chr.*

*Doppelfrau;
Hacilar, 6.000
v.Chr.*

*Doppelfrau;
Hacilar, 6.000
v.Chr.*

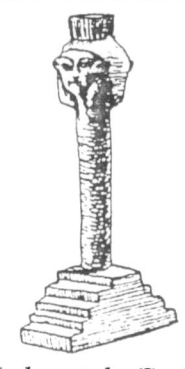

*Hathorsäule (Säule
mit zwei Gesichtern
der Göttin Hathor,
die in entgegen-
gesetzte Richtung
blicken;
Ägypten, 2500
v.Chr.*

*der Pharao und die
beiden Ma'at-
Göttinnen;
Ägypten, 1800
v.Chr.*

*„Hantelsymbol"
(links oben in dem
Trog);
Hügelgrab von
Kivik, 1000 v.Chr.*

*Janus-Statue;
römisch*

*Tarot: Der Magier;
im Gegensatz zu
den Steinzeit-
Göttinnen hält er
den rechten Arm
nach oben*

15. Sauna

Als man bei der Schwitzhütte den spirituell-magisch-religiösen Teil fortgelassen hat, entstand die Sauna.

Zwischen der Schwitzhütte und der Sauna wird es viele Übergangsformen gegeben haben, in denen die spirituelle Seite nach und nach verblaßt ist. So ist z.B. in Rußland die Teilnahme an einem gemeinsamen Banja (Sauna) noch lange Zeit ein Bestandteil von Hochzeiten gewesen, auch wenn das Erbitten eines Segens der Ahnen für die Eheleute dabei schon sehr stark in den Hintergrund getreten ist.

Bei der Sauna gab es dieselbe Tendenz zur Vergrößerung der architektonischen Anlage für größere Gemeinschaften, durch die bereits die Schwitzhütten-Tempel von Göbekli Tepe zu den Steinkreisen der Megalithkultur umgestaltet worden waren. Durch die Vergrößerung der zur nicht-spirituellen Sauna geworden Schwitzhütte entstanden u.a. die römischen Thermen.

16. Schamanismus

Ein Schamane ist ein Mensch, der eine Astralreise erlebt hat (in der Regel bei einem Nahtod-Erlebnis), und dann anschließend gelernt hat, solche Asralreisen willentlich durchzuführen. Daher ist solch ein Schamane im Wesentlichen ein „Seelen-Spezialist" – als „Seelenheiler" für die Lebenden und als Kontaktperson zwischen den Lebenden und ihren Ahnen.

Da auch in den Schwitzhütte der Kontakt mit den Ahnen hergestellt wird, ist der Schamane der „natürliche" Leiter einer Schwitzhütten-Zeremonie.

17. Orden

Die Menschen lebten in der Altsteinzeit in kleinen Gruppen von ein bis zwei Dutzend Menschen zusammen. Vermutlich trafen sie sich nur zum Zeugungsfest an Mittsommer in größeren Gemeinschaften.

Da es wahrscheinlich nicht in jeder Gemeinschaft einen Schamanen gegeben haben wird, sollte es schon früh Kontakte zwischen den einzelnen Menschengruppen gegeben haben, sodaß ein Mensch, der nach einem Nahtod-Erlebnis Schamane werden wollte, auch bei einem erfahrenden Schamanen lernen konnte – und dann anschließend vermutlich für mehrere Jägergruppen zuständig war.

41

Diese Schamanen-Bünde waren die ersten Vorläufer der sehr viel späteren Mysterien-Kulte und auch der noch späteren Magier-Orden. Diese Schamanen-Bünde waren zudem auch noch die ersten Vereine – die zudem noch allgemeinnützlich waren …

Das Vorhandensein solcher Schamanen-Bünde beim Übergang von der späten Altsteinzeit zur Jungsteinzeit um 10.000 v.Chr. erklärt auch, wer den Bau der Tempel von Göbekli Tepe organisiert hat – denn an diesen Tempeln müssen der Anzahl der Steine und ihrer Größe zufolge zeitweise bis zu 5000 Menschen beteiligt gewesen sein, wenn man die Kinder, die Versorgung der Arbeiter mit Lebensmitteln und ähnliches mitrechnet.

18. Kult

In der Jungsteinzeit wurden um 8500 v.Chr. in Mesopotamien Ackerbau und Viehzucht entwickelt. Diese komplexere Art sich zu ernähren führte dazu, daß die Gemeinschaften nun ca. 500-mal so groß waren wie zuvor bei den Jägern und Sammlern in der Altsteinzeit. Das erforderte auch eine neue Methode der Strukturierung, der Orientierung, des Denkens und der Sprache.

Während zuvor die Assoziationen zu den konkreten Personen zur Orientierung ausgereicht hatten, war nun eine Abstraktion notwendig, die zu allen Gruppen von Bildern eine allgemeine Beschreibung gesetzt hat: „Alle Jäger sind …", „Alle Bauern sind …", „Alle Rinder sind …", „Der richtige Aussaattermin ist …", „Jeder Streit führt zu …"

Auf diese Weise entstand zu den Assoziationen (Erinnerungen) zu konkreten Menschen, Tieren, Pflanzen und Dingen ein allgemeiner Hintergrund von Urbildern, die sich auf Gruppen von Menschen mit z.B. gleichem Beruf, Gruppen von ähnlichen Dingen und Gruppen von sich wiederholenden Ereignissen bezogen. Alle Elemente einer solchen Gruppe wurden im wesentlich als gleich angesehen, d.h. sie hatte gleich, analoge Eigenschaften.

Die Gesamtheit dieser Gruppenbeschreibungen bildete dann die Mythologie eines Volkes. Diese Mythologie, die ja die Grundlage des richtigen, weil erfolgreichen Handelns war, wurde nicht nur durch die mythologischen Weltbeschreibungen, sondern auch durch Rituale dargestellt. Die Gesamtheit dieser Rituale bilden den Kult.

Die Schwitzhüttenrituale und in geringerem Maße auch das mittsommerliche Zeugungsfest bilden die Keimzelle all dieser Kulte in der Altsteinzeit, in denen zunächst noch die Muttergöttin die zentrale Gestalt gewesen ist.

Später trat dann in der Jungsteinzeit der Korngott und der Wildnisgott, die die beiden Bereiche bzw. Pole der Welt verkörperten, in den Vordergrund.

Im Königtum, das auf die Epoche der Jungsteinzeit folgte, war der Sonnengott als Vater des Königs die zentrale Gottheit.

19. Magie

Man kann die Hauptthemen der Magie von den Eigenschaften und Fähigkeiten der Wesen, die in der Schwitzhütte angerufen werden, herleiten bzw. sie ihnen zuordnen:

- Das Große Geheimnis in der Mitte der Schwitzhütte ist das Leben, die Lebenskraft, das Hier und Jetzt, die Präsenz, die Einsgerichtetheit, die Weite des Bewußtseins, die Meditation, die Einweihung usw.

- Die Erde unter der Schwitzhütte ist die Große Mutter, die Erdgöttin, die Schwitzhütten-Zeremonie selber, die Rückführungen, das Urvertrauen, die Geborgenheit, die Entspannung, der Hexenkult usw.

- Der Himmel (Sonne) über der Schwitzhütte ist der Sonnenkult, der Feuerlauf, die Selbstfindung, die Mandala-Rituale, die Jenseitsreisen, die Reinkarnations-Erinnerungen, der Kontakt zur eigenen Seele usw.

- Das Großraubtier im Norden der Schwitzhütte ist der Helfer bei der Jagdmagie, bei der Kampfmagie, bei der Selbstdurchsetzung, bei der Standfestigkeit, bei dem Schadenszauber, beim Finden des eigenen Krafttiers usw.

- Das Herdentier im Süden der Schwitzhütte ist der Helfer bei Liebeszaubern, bei Geldmagie, bei jeder Art von Fülle und Kooperation, bei Fragen der Zeugungskraft und Fruchtbarkeit, bei der Wiederzeugung, der Wiedergeburt und dem Wiederstillen, bei Ritualtränken bis hin zum Lebenselixier, bei den Zaubertränken, der Alchemie, der Spagyrik, der Homöopathie usw.

- Die Schlange im Westen der Schwitzhütte ist der Helfer bei Heilungen, bei der Kundalini-Erweckung, beim Lenken der Lebenskraft, beim Reiki, beim Finden von Verborgenem usw.

- Der Vogel im Osten der Schwitzhütte ist der Helfer bei der Astralreise, bei der Jenseitsreise, bei dem Kontakt zu den Ahnen, bei Weitsicht und Überblick, beim Leiten von Gruppen, bei der Planung, bei der Astrologie, bei Omen und Orakeln usw.

- Die <u>Ahnen</u> rings um die Schwitzhütte helfen ihren Nachkommen mit Rat und Tat, erscheinen im Ahnenkult, im Spiritismus und bei Familienaufstellungen, im Heiligenkult usw.

Man kann auch davon ausgehen, daß die Schamanen die Vorläufer der späteren Magier gewesen sind, da die Magie zunächst als Gabe der Ahnen bzw. Götter angesehen worden ist und der Schamane eben diese Verbindung zu den Ahnen und Göttern erlangt hat.

20. Einweihungen

Das Nahtod-Erlebnis ist die früheste Form der Einweihung gewesen und noch in den Mysterien wird eine Jenseitsreise, also eine Astralreise bei einem mehr oder weniger real inszenierten Nahtod dargestellt bzw. konkret hervorgerufen.

Durch das Nahtod-Erlebnis konnte man zu einem Schamanen und Seher werden – wie z.B. bei den Kelten die Druiden.

Ein Priester hat hingegen ein Amt inne, das nicht auf einem bestimmten Erlebnis oder einer bestimmten Fähigkeit beruht. Somit ist der Magier dem Schamanen deutlich näher als dem Priester.

21. Therapie

Der Schamane als Heiler des Körpers und der Seele ist auch der „Urahn" der Ärzte und der Therapeuten.

5. Bedeutung in der Magie

Im vorigen Kapitel ist dargestellt worden, daß sich die verschiedenen Aspekte der Magie zum größten Teil aus der Schwitzhütten-Zeremonie heraus entwickelt haben.

Genau genommen müßte man sagen, daß die Themen, die die Menschen in der Altsteinzeit beschäftigt haben wie das Überleben, die Ernährung, die Gemeinschaft, der Schutz, Leben und Tod, die Geborgenheit, die Mutter, die Astralreise usw. auch für die Menschen in den späteren Epochen noch immer wichtig gewesen sind. Daher finden sich diese Themen in den Wesen, die in die Schwitzhütte gerufen werden, und in deren Gaben an die Menschen wieder:

- das Leben des Großen Geheimnisses,
- die Verantwortung von Großvater Himmel,
- das Vertrauen von Großmutter Erde,
- die Eigenständigkeit des Großraubtiers,
- die Gemeinschaft des Herdentiers,
- die Astralreise des Seelenvogels,
- die Lebenskraft der Kundalini-Schlange und
- den Rat und die Hilfe der Ahnen.

Dieser „Stammbaum der Tätigkeiten in der Magie" läßt zunächst einmal ein organisches Gesamtbild, ein umfassendes Magie-Mandala entstehen, das die Orientierung in der Magie erleichtert und das auch die vielen verschiedenen Magie-Handlungen, Kulte, Mythen, Gottheiten usw. ein wenig sortiert und übersichtlicher werden läßt.

Darüber hinaus ermöglicht dieser Magie-Stammbaum jedoch auch, zu den archaischen Formen der Magie zurückzukehren oder ihre Verwendung zumindestens auch einmal in Betracht zu ziehen. Möglicherweise ist ja die Identifizierung mit einem Panther, einem Löwen oder Bären effektiver als eine Mars-Invokation? Möglicherweise hat auch eine Schwitzhütten-Zeremonie eine tiefere Wirkung als ein eher abstrakt durchgeführtes Isis-Ritual …

Man kann nun natürlich nicht sagen, daß das, was am ältesten ist, auch am echtesten, wahrsten und effektivsten ist. Was am besten wirkt, muß jeder für sich selber ausprobieren. Es hat jedoch einige Wahrscheinlichkeit, daß ein Ritual, durch das man eine konkrete Astralreise erlebt, wie z.B. die Einweihungs-Zeremonien der Druiden, bei der der angehende Druide fast ertränkt wurde und dadurch seinen Körper verlassen hat, effektiver sein kann als eine Entspannungs-Übung zum Zwecke des Erlernens der Astralreise.

Es wäre natürlich auch falsch, wenn man nun sagen würde „je drastischer eine Methode ist, desto besser und effektiver ist sie". Aber ein wenig Überblick über die

Möglichkeiten, die im Laufe der Zeit zum Erreichen eines konkreten Zieles verwendet worden sind, ist sicherlich hilfreich, um die für einen selber gerade passende Methode zu finden.

Generell kann man die Wichtigkeit der Schwitzhütten-Zeremonie für den eigenen Magie-Stil erst dann richtig einschätzen, wenn man einmal an einer solchen Zeremonie teilgenommen hat.

Die Wirkung der Schwitzhütten-Zeremonie ist generell das Loslassen, das Entspannen, das „ins Hier und Jetzt zurückkehren", das „auf den Boden zurückkommen", das „still werden" und „zu sich kommen".

Wie die Schwitzhütte bei einem konkreten Menschen wirkt, kann man natürlich nicht vorhersagen. Manchmal ist diese Wirkung jedoch ausgesprochen konkret und intensiv – wie z.B. das spontane Beenden des Kettenrauchens.

Eine andere mögliche Wirkung ist das schon beschriebene Organischer-Werden des gesamten Magie-Bereiches, weil sich die verschieden Aspekte der Magie wie in einen Stammbaum einordnen mit der Schwitzhütten-Zeremonie als Wurzel. Dadurch könnte die Schwitzhütten-Zeremonie auch zu dem wichtigsten eigenen Ritual werden. Aber das muß nicht unbedingt geschehen, denn vielleicht werden die Erlebnisse mit der Schwitzhütte auch einfach zu dem zentralen inneren Bild und zu dem zentralen inneren Ort, an den man immer wieder zurückkehrt – einfach, weil es gut tut.

Der Effekt des organischen Zusammenwachsens der verschiedenen Methoden und Erlebnismöglichkeit der Magie durch das Schwitzhütten-Ritual kann auch dazu führen, daß aus der Vielfalt der Magie eine schlichte Grundhaltung entsteht, die dann den Hintergrund und das Fundament der eigenen magischen Tätigkeiten bildet.

Schließlich bildet die orale Phase des Säuglings (0-1 Jahr alt) auch die unterste Schicht der Psyche, auf der dann die anale Phase (1-3 Jahre), die phallische Phase (3-12 Jahre), die genitale Phase (12-21 Jahre) und schließlich das Erwachsenenalter aufbauen. Das bedeutet, daß der Zustand der eigenen oralen Phase den gesamten eigenen Charakter prägt.

Wenn es auf der oralen Ebene keine Grund-Geborgenheit gibt, kann sich auf der analen Ebene keine Kraft und keine Klarheit bilden. Wenn diese fehlen, gibt es keine ruhende Ich-Bildung in der genitalen Phase.

Das zustimmende „Ja" der oralen Phase ist das Fundament des unterscheidenden „Nein!" der analen Phase. Beide zusammen sind wiederum die Grundlage für das von Selbstliebe erfüllte „Ich!!!" der phallischen Phase.

Somit ist die Schwitzhütten-Zeremonie das Ritual der oralen Phase und daher auch das Ritual des Fundamentes der Psyche. Alle psychologischen Richtung stimmen darin überein, daß die eigene Mutter der prägendste Einfluß im eigenen Leben ist. Nun sind natürlich nur die allerwenigsten Mütter vollkommen. Daher ist es ausgesprochen hilfreich, daß man im Schwitzhütten-Ritual die Qualität der „Guten Mutter" finden kann. Das bedeutet natürlich nicht, daß „Mutter Erde" oder wie man diese Göttin auch immer nennen mag, einem alle Wünsche erfüllt, aber man kann in der Schwitzhütte das Gefühl von Heimat finden, von Ankommen, von Loslassen, Entspannen, zur Ruhe kommen …

„Ho Mitakuye Oyasin!"

Bücher von Harry Eilenstein

- The Synthesis of Physics and Magic (192 p.)	- Money Magic for Beginners (60 p.)
- Telepathy for Beginners (60 p.)	- Magic Objects for Beginners (64 p.)
- Telepathy for Advanced Learners (52 p.)	- Shamanism for Beginners (52 p.)
- Telekinesis for Beginners (56 p.)	- Chakra-Magic for Beginners (148 p.)
- Life Force for Beginners (76 p.)	- Language of the Moon – for Beginners (128 p.)
- Kundalini for Beginners (104 p.)	- Self Knowledge for Beginners (60 p.)
- Astral Projection for Beginners (60 p.)	- Da'ath-Magic for Beginners (64 p.)
- Meditation for Beginners (60 p.)	- Astrology for Beginners (112 p.)
- Prophecy for Beginners (60 p.)	- Number Symbolism for Beginners (64 p.)
- Ritual Magic for Beginners (64 p.)	- Mandalas for Beginners (76 p.)
- Magic Chant for Beginners (108 p.)	- Crop Circles for Beginners (344 p.)
- Invocations for Beginners (52 p.)	- Feng Shui for Beginners (96 p.)
- Evocations for Beginners (62 p.)	- Magic Research for Beginners (140 p.)
- Auto-Movement for Beginners (60 p.)	
- Elves for Beginners (56 p.)	- Magic for Beginners – Anthology I (636 p.)
- Hypnosis for Beginners (56 p.)	- Magic for Beginners – Anthology II (616 p.)
- Love Magic for Beginners (52 p.)	- Magic for Beginners – Anthology III (684 p.)
	- Magic for Beginners – Anthology IV (580 p.)

Religion allgemein
- Die sieben Schritte des Lebens (428 S.)
- Muttergöttin und Schamanen (168 S.)
- Totempfähle (440 S.)
- Der Urriese (168 S.)

Jungsteinzeit
- Göbekli Tepe (472 S.)
- Die Göttin von Göbekli Tepe (144 S.)

Ägypten
- Hathor und Re 1: Götter und Mythen im Alten Ägypten (432 S.)
- Hathor und Re 2: Die altägyptische Religion – Ursprünge, Kult und Magie (396 S.)
- Isis (508 S.)

Christentum
- Christus (60 S.)
- Die Biographie des Teufels (144 S.)

Indogermanen
- Die Entwicklung der indogermanischen Religionen (700 S.)
- Wurzeln und Zweige der indogermanischen Religion (224 S.)

Griechen
- Pan (336 S.)
- Poseidon (668 S.)

Inder
- Dakini (80 S.)
- Vajra (76 S.)

Germanen
- Die Götter der Germanen (87 Bände – siehe nächste Seite)
- Odin (300 S.)

Kelten
- Cernunnos (690 S.)
- Taliesin (228 S.)
- Der Kessel von Gundestrup (220 S.)
- Der Chiemsee-Kessel (76)

Psychologie
- Über die Freude (100 S.)
- Das Geheimnis des inneren Friedens (252 S.)
- Das Beziehungsmandala (52 S.)
- Gefühle und ihre Verwandlungen (404 S.)
- einsgerichtet (140 S.)
- Liebe und Eigenständigkeit (216 S.)
- Von innerer Fülle zu äußerem Gedeihen (52 S.)

Heilung
- Die Symbolik der Krankheiten (76 S.)

Kunst
- Herz des Tanzes – Tanz des Herzens (160 S.)

Drama
- König Athelstan (104 S.)

"Magie für Anfänger"	Magie
- Telepathie für Anfänger (60 S.)	- Handbuch für Zauberlehrlinge (408 S.)
- Telepathie für Fortgeschrittene (52 S.)	- Tarot (104 S.)
- Telekinese für Anfänger (52 S.)	- Physik und Magie (184 S.)
- Lebenskraft für Anfänger (60 S.)	- Die Synthese von Physik und Magie (200S.)
- Meditation für Anfänger (56 S.)	- Die Magie-Formel (156 S.)
- Kundalini für Anfänger (100 S.)	- Schwarze Löcher in der Magie (56 S.)
- Hypnose für Anfänger (56 S.)	- Krafttiere – Tiergöttinnen – Tiertänze (112 S.)
- Auto-Movement für Anfänger (56 S.)	- Schwitzhütten (524 S.)
- Chakra-Magie für Anfänger (148 S.)	- Mythen und Magie der Harfe (116 S.)
- Astralreisen für Anfänger (56 S.)	- Drei Adeptus Major Rituale (192 S.)
- Astrologie für Anfänger (120 S.)	**Meditation**
- Silberschnüre für Anfänger (52 S.)	- Der Lebenskraftkörper (230 S.)
- Ritual-Magie für Anfänger (56 S.)	- Die Chakren (100 S.)
- Mandalas für Anfänger (68 S.)	- Das Chakren-System mit den Nebenchakren (296S.)
- Geldzauber für Anfänger (56 S.)	- Organe und Chakren (64 S.)
- Liebeszauber für Anfänger (52 S.)	- Die platonischen Körper in den Chakren (156 S.)
- Invokationen für Anfänger (52 S.)	- Meditation (140 S.)
- Evokationen für Anfänger (60 S.)	- Drachenfeuer (124 S.)
- Geister für Anfänger (52 S.)	- Kundalini I (676 S.)
- Elfen für Anfänger (56 S.)	- Kundalini II (672 S.)
- Magie-Forschung für Anfänger (140 S.)	- Reinkarnation (156 S.)
- Selbsterkenntnis für Anfänger (52 S.)	- einsgerichtet (140 S.)
- Drogen-Kabbala für Anfänger (216 S.)	**Astrologie**
- Zahlensymbolik für Anfänger (60 S.)	- Astrologie (496 S.)
- Die Sprache des Mondes – für Anfänger (116 S.)	- Photo-Astrologie (428 S.)
- Zaubergesänge für Anfänger (100 S.)	- Die astrologischen Aspekte (88 S.)
- Zukunftschau für Anfänger (60 S.)	- Horoskop und Seele (120 S.)
- Schamanismus für Anfänger (52 S.)	**Kabbala**
- Schwitzhütten für Anfänger (52 S.)	- Kursus der praktischen Kabbala (150 S.)
- Magische Gegenstände für Anfänger (68 S.)	- Eltern der Erde (450 S.)
- Da'ath-Magie für Anfänger (64 S.)	- Blüten des Lebensbaumes:
- Kornkreise für Anfänger (348 S.)	- Die Struktur des kabbalistischen Lebensbaumes (370 S.)
- Feng Shui für Anfänger (96 S.)	- Der kabbalistische Lebensbaum als Forschungshilfsmittel (580 S.)
- Magie für Anfänger – Sammelband I (696 S.)	- Der kabbalistische Lebensbaum als spirituelle Landkarte (520 S.)
- Magie für Anfänger – Sammelband II (664 S.)	
- Magie für Anfänger – Sammelband III (580 S.)	
"Traumreisen"	
- Traumreisen zu Heilpflanzen (700 S.)	

Eilenstein, Frater V.D., Knecht, Büdenbender	**Büdenbender, Eilenstein**
- Magie heute – Berichte aus der Praxis (288 S.)	- Chaos, Alk und Magic (436 S.)
- Living Magic (261 p.)	

Die Themen der 87 Bände der Reihe „Die Götter der Germanen"